EL COLOR DE LA VIVIENDA PROPIA

Aumento de la riqueza en las comunidades negras y marrones

Por la Dr. Tori Brown

El color de la vivienda propia

Aumento de la riqueza en las comunidades negras y marrones

Copyright © 2021 por la Dr. Tori Brown

Todos los derechos reservados. Impreso en los Estados Unidos de América. Ninguna parte de esta publicación puede ser reproducida, almacenada en un sistema de recuperación o transmitida en cualquier forma o por cualquier medio electrónico, mecánico, fotográfico, de copia, de grabación o de otro tipo, sin el permiso previo por escrito del editor, excepto en el caso de breves citas incorporadas en artículos críticos y reseñas. Los derechos del autor a la "libertad de expresión" están protegidos por y con la 1ª Enmienda de la constitución de los Estados Unidos de América. Los libros pueden adquirirse para uso educativo, empresarial o promocional de ventas. Para obtener información, envíe un correo electrónico a successlockdown@gmail.com.

Publicado en Estados Unidos por Success Lockdown Group LLC

Situado en Tampa Florida

ISBN: 978-1-7351332-5-6 (impreso)

ISBN: 978-1-7351332-6-3 (E Book)

Número de control de la Biblioteca del Congreso: 2021948762

Primera edición

DEDICACIÓN

A mi madre, Juanita Brown, a mi padre, John T. Brown, a mi madrina, Ann Jordan, y a todos los futuros compradores de vivienda que aún no he tenido la oportunidad de conocer. Estoy deseando desarrollar su viaje de ser propietario de una vivienda, para que su familia pueda influir en las generaciones venideras.

ÍNDICE DE CONTENIDOS

Dedicación 3

Introducción: 5

Capítulo 1: Los que tienen y los que no tienen 13

Capítulo 2: El reflujo ácido en los bolsillos 23

Capítulo 3: Aumentar la propiedad de la vivienda en las comunidades negras y marrones 35

Capítulo 4: Jack y Jill subieron la colina 61

Capítulo 5: Construir un arca con la propiedad de la vivienda 76

Capítulo 6: Soluciones Situacionales a la Pobreza Generacional (SGPS) 86

Epílogo: Todos mis colores favoritos 95

Sobre el autor y Fresh Community Development Inc. 104

INTRODUCCIÓN:

El sueño americano pospandémico

Es casi otoño de 2021 y han pasado muchas cosas desde la última vez que hablamos. La pandemia me ha hecho perder muchas cosas. También estoy en el proceso de mi pérdida y encontrando muchas cosas también. En abril de 2020, justo después de empezar a escribir el libro que publiqué en 2020, titulado Reflujo ácido: cómo estomagar esta economía, perdí a mi tía Essie por culpa del Covid. Fue muy extraño e inesperado. El cumpleaños de mi madre fue una semana antes del suyo. Así que siendo el lindo signo del zodiaco Aries que ambas son, por supuesto, se llamaron para recordarse mutuamente que era su cumpleaños. Esta relación fue muy dulce de ver, ya que los vi cada semana FaceTime entre sí a menudo, y recordar los viejos tiempos cuando ambos eran más jóvenes.

Con más de 70 años, veo su fuerza, su sabiduría y su belleza, todo en uno. Durante esta pandemia y su distancia, FaceTime es la forma en que se comunicaban regularmente. Estaba muy orgullosa de mi tía Essie, como la llamaba, porque realmente sabía cómo manejar su IPhone. Ella era tan inteligente y creativa y sólo una riqueza de conocimiento de la sabiduría y estudioso de la fe y la oración y el amor por Dios. Hablaba con tanta elocuencia que ella y mamá se reían por teléfono durante horas. Si te das cuenta, me refiero a mi tía Essie en tiempo pasado porque sí, Covid reclamó su vida.

Mientras que Jesús reclamó su alma. Fue tan rápido e inesperado. Quiero decir que una semana estábamos todos en el IPhone juntos cantando feliz cumpleaños a mi mamá y la siguiente semana estábamos hablando con ella para desearle un feliz cumpleaños. Al día siguiente se puso muy enferma en el hogar de ancianos en el que vivía y fue trasladada al hospital un par de días más tarde y un par de días después de que se había ido!

La tía Essie no era realmente mi tía. En realidad era una prima mayor. Pero en mi familia, cuando el ser querido mayor tenía edad y sabiduría, lo reconocíamos como tío o tía en señal de respeto a su posición en tu vida. Hombre...donde podemos encontrar otro reconocimiento o señal de respeto en relación a su posición en tu vida. Todos estamos tratando de llegar a eso. Queremos afrontarlo de frente para poder identificarlo como nuestra parte del pastel. Sí, lo has entendido, estoy hablando del Gran Sueño Americano.

Esta vez no sólo se ha atacado nuestro sueño, sino que se ha puesto en peligro nuestra seguridad. Bien sabemos que algunos han elegido vacunarse y otros han elegido no hacerlo. Ahí estamos con otro nivel de división. Antes de eso, sabemos que vivimos en la gran división. Negros o blancos, pobres o ricos, empleados o desempleados, y ahora vacunados o no vacunados. No importa en qué categoría te encuentres, hay una división aún más importante de la que tenemos que hablar y voy a hablar de ella ahora mismo. Propietario de vivienda vs. Inquilino.

Ahora bien, esto puede ponerse feo si no se está preparado para entrar en la frialdad de por qué algunas personas se convierten en propietarios de viviendas y por qué otras no. La mayoría puede argumentar que algunas personas deciden no convertirse en propietarios de una vivienda. Otros pueden argumentar que la gente no se convierte en propietaria de una vivienda porque no hay mucha ayuda sobre cómo llegar a serlo. Mi argumento es sencillo. La información es moneda de cambio. La cuestión que planteo con este argumento gira en torno a este punto. La única diferencia entre los que tienen y los que no tienen es la información a la que tienen acceso. Tanto mi argumento como mi punto están indicados en el libro que escribí el año pasado.

¿Sabes que somos responsables de lo que no sabemos? Oh, no recibiste el memo de la vida. Sí, por supuesto, lo somos. Porque ahora vivimos en un mundo donde se nos penaliza por las cosas que no sabemos. Dicen que la ignorancia no es excusa para la ley y lo dicen en serio. Vean al juez Judy en la televisión. Si lo dicen para la ley, lo dicen para ti. Tienes que saber cosas, no hay excusa.

Tienes Google y todos esos motores de búsqueda y libros que puedes usar como referencia para mejorar en cualquier cosa que quieras mejorar. ¿Y qué hay de mejorar en la administración? ¿Qué es la administración? Según Google, la administración es el trabajo de supervisar o cuidar algo, como una organización o una propiedad. ¿Cómo podemos cuidar la tierra que no poseemos? Recuerdo que mi padre solía decir que era una pena tener 100 años y no ser dueño de nada con tu nombre.

De niño no entendí exactamente a qué se refería, pero comprendí que la propiedad es importante. Pues lo es para mi familia. Mi padre y mi madre eran propietarios de su casa y sus padres también lo eran. Así que, generacionalmente, ser propietario de una vivienda era algo normal. Es lo que hacías cuando te convertías en adulto. Eras dueño de algo, como de un inmueble. No fue hasta que fui mayor y me rodeé de otras personas que acumulaban riqueza a través de estrategias de creación de activos que comprendí que la propiedad es lo que crea riqueza.

La información es la moneda que creó la misma riqueza. Así que aprendí muy rápidamente que cuanta más información absorbía, más moneda podía crear. Vamos a saltar a algo rápido, Cryptocurrency. Este término se puso muy de moda durante la pandemia. Especialmente para aquellos que estaban estudiando y participando en ella. Durante la pandemia, estuve atrapado en casa durante horas y horas sin nada, pero el tiempo para leer, pensar, rezar, manifestar, sí lo tienes y crear moneda. De hecho, me tomé unas enormes vacaciones durante todo un año. Necesitaba ese tiempo para sanar mental y físicamente y espiritualmente. En este año de paz la gente dice ¿cómo puedes permitirte tomar un año libre? Bueno, eso es todo un libro nuevo y lo compartiré gratis en mis redes sociales en breve. Sin embargo, podría tomarme un año entero de vacaciones y seguir ganando dinero gracias a mis inversiones previas y a mis posiciones de capital en otras empresas que administro. Lo más importante es que podría tomarme un año entero de vacaciones y seguir ganando dinero porque la información es moneda.

Una cosa que hice durante el año que fue bastante genial y rentable es que invertí en acciones y criptodivisas. Estudié a dónde iba mi dinero y por qué iba allí para esa inversión. El dinero que gané en acciones, que había disminuido durante el comienzo de la pandemia, también subió más tarde durante la pandemia, por lo que pude tomar algunas de esas ganancias de allí y caer en la criptodivisa. Si no te has tomado el tiempo de considerar la criptodivisa te sugiero que sigas lo que te estoy diciendo. La información es moneda y también se convierte en criptodivisa. Este libro no trata de enseñarte cómo entrar en la criptodivisa. Dejaré que los gurús te lo cuenten todo. Sólo digo que lo he investigado y me he metido en él y sólo sé que es la nueva ola de cómo crear moneda.

El sueño americano post-pandémico ocurrió ante mis ojos. Vendí libros en línea en varias librerías. Vendía libros a amigos y familiares. Prácticamente los vendía en mi maletero como el rapero Master P. Master P vendía su música en el maletero de su coche y hoy se le conoce como uno de los magnates del rap más ricos que hay en la actualidad. Bueno, yo no soy Master P, pero conozco el poder de la información e intenté que este libro que había escrito en 2020 llegara a las manos de miles de personas. No porque estuviera impulsando las ventas, sino sólo porque estaba sugiriendo estrategias para que la gente se lanzara durante la subida del mercado inmobiliario. ¿Viste las noticias del otoño pasado en 2020? Las tasas hipotecarias estaban en un mínimo histórico. La gente estaba comprando propiedades de inversión en todas partes y llenándolas rápidamente con inquilinos. Otros también estaban aprovechando los incentivos para comprar su casa. Así es, ahí es donde entro yo.

Como doctorado con un cognado en evaluación y medición, soy un estadístico de corazón porque me encantan los datos. Recojo datos todo el tiempo y los rastreo. Hice un seguimiento de mis usuarios de programas y proyectos especiales y, vaya, descubrí algunos datos sorprendentes. 47 usuarios informaron de que habían utilizado las técnicas de mi libro para comprar una nueva casa. Me dije: espera, esto no es lo que escribí. Escribí con la intención de aumentar los inversores inmobiliarios, pero creé un camino visionario para los futuros propietarios de viviendas. Incluso me di cuenta de algunas cosas mientras hablaba con estos clientes.

Ser propietario de una vivienda puede ser una verdadera lucha para las personas que no tienen las herramientas para serlo. Yo digo que no, que no es cierto, que hay herramientas. Tienes agentes inmobiliarios y gente de hipotecas y tienes el HUD. Sí, esto es cierto, pero si el público objetivo al que te diriges no tiene suficiente información, puede que nunca se sienta impulsado a hablar con un agente inmobiliario, un profesional hipotecario o un asesor del HUD. ¿Por qué iban a hablar con ellos si no tienen ninguna referencia para ser propietarios de una vivienda o no desean serlo? Mamá o papá no eran propietarios de una vivienda, sus padres no eran propietarios de una vivienda, y antes de eso los padres de sus padres no eran propietarios de una vivienda.

Así que, generacionalmente, tenemos una historia de inquilinos o no propietarios. ¡Maldita sea! Y nos preguntamos por qué hay barreras para la administración. No podemos machacar a esta gente. Tenemos que normalizar la propiedad de la vivienda y celebrar su existencia. El Sueño Americano Post-Pandémico es ayudar a aumentar la propiedad de la vivienda en las comunidades negras y marrones.

En 2019 creé una organización sin ánimo de lucro con la visión de hacer precisamente eso. La misión de Fresh Community Development Group Inc. es proporcionar recursos rentables a las familias de bajos ingresos que necesitan conocimientos financieros y empresariales para mejorar sus posibilidades de acceso a la vivienda o a la propiedad de la vivienda. Estamos constituidos en Florida, Michigan y Georgia. Visítenos para obtener más información y descargue la aplicación en www.freshcommunitydevelopment.org.

"No hay que quedarse en la carrera de ratas de no tener".

- *Dr. Tori Brown*

Capítulo 1:

Los que tienen y los que no tienen

El problema de la pobreza ha afectado de manera significativa a las comunidades negras y marrones durante siglos. La historia sistémica de la pobreza no comenzó en los últimos años. Ha sido un hecho histórico que ha impactado a generaciones y generaciones que se remontan a principios de 1900 e incluso más. En 1929 la gran depresión fue uno de los aguaceros económicos más históricos de la falla financiera que América había visto. El defecto financiero fue la incapacidad de proteger a los ciudadanos de a pie, tanto blancos como negros, de ser gravemente afectados por el tsunami económico. Podemos suponer, debido a los relatos históricos, que la población afroamericana fue la más desfavorecida para satisfacer sus necesidades durante la gran depresión. En medio del racismo abierto y la discriminación, las poblaciones afroamericanas experimentaron una persecución financiera severa y extrema y el miedo durante.

Según Britannica.com "La Gran Depresión de la década de 1930 empeoró la ya sombría situación económica de los afroamericanos. Fueron los primeros en ser despedidos de sus puestos de trabajo, y sufrieron una tasa de desempleo dos o tres veces superior a la de los blancos. En los primeros programas de asistencia pública, los afroamericanos solían recibir bastante menos ayuda que los blancos, y algunas organizaciones benéficas incluso excluían a los negros de sus comedores sociales." Le pregunté a mi abuela, que nació en 1918 y tenía once años por aquel entonces, cómo fue la gran depresión. Recordó que no sabía cuándo empezó la gran depresión y cuándo terminó para ella. Antes de 1929, cuando tenía unos 4 o 5 años, recordaba haber trabajado en el campo para recoger algodón y judías de mantequilla en los calurosos y húmedos campos de Georgia. La Gran Depresión no fue algo que empezó en 1929 y terminó en 1930 para ella y su familia. Fue algo que continuó durante años y años mientras ella trabajaba en los campos de Georgia hasta las fronteras del norte del estado. Desde pequeña aprendió que si no trabajaban, no comían.

A menudo me pregunto si hemos perdido ese mensaje que nos transmitieron nuestros seres queridos que trabajaban en los campos del Sur profundo. ¿Entendemos que en cualquier momento podemos estar en una situación de pobreza situacional? ¿Qué es la pobreza situacional? La pobreza situacional, según Google, está causada por una crisis o pérdida repentina que suele ser temporal y que puede resolverse con algunas herramientas y estrategias. La pobreza situacional se produce cuando hay una falta de recursos debido a un acontecimiento concreto. Hemos visto muchas situaciones en estos últimos meses en las que los recursos que había para la pandemia empiezan a agotarse. Me refiero al recorte de las prestaciones de desempleo y al levantamiento de la moratoria de la vivienda, que ha provocado desahucios masivos en todo el estado.

Algunos han argumentado que las prestaciones por desempleo proporcionaban más ingresos que los empleadores reales, por lo que la gente no quería volver a trabajar. El argumento de otros es la vergüenza de que la gente esté trabajando por salarios tan bajos en primer lugar hasta el punto de que la ayuda que están recibiendo ha sido más beneficiosa que el empleo real. Mi argumento es que, independientemente del argumento con el que se esté de acuerdo o no, la gente sigue estando en la pobreza y viviendo por debajo de sus posibilidades y esto está afectando a los niños más que nada. Crecer en la pobreza nunca es una experiencia ideal para una mente joven en crecimiento que necesita comida, agua, refugio, protección, educación y ropa para sobrevivir en este mundo y economía en constante cambio.

Recuerdo cuando una buena amiga mía se enfrentaba al desahucio de su apartamento. Era el tipo de situación que me hacía llorar siempre. Duele mucho ver a las personas que quieres pasar apuros económicos. Recuerdo sus intentos de pedir prestado el dinero de la gasolina para conducir hasta la despensa de alimentos para que los niños pudieran comer. Nunca pestañeó cuando se trataba de sobrevivir para ella y esos niños. Hacía lo que tenía que hacer para sobrevivir y a veces no era suficiente. Es emocionalmente agotador luchar financieramente año tras año tras año. Los hechos son que en su caso la lucha no empezó sólo con ella. Su lucha vino de un lugar de la lucha financiera generacional. Su madre tuvo las mismas dificultades que ella a su edad. Su abuela tuvo una lucha similar con problemas financieros. Esto es lo que llamamos pobreza generacional.

Según Google, la pobreza generacional se da en familias en las que al menos dos generaciones han nacido en la pobreza. En estos casos de pobreza generacional, la lucha financiera se ha normalizado. Tener problemas financieros es algo esperado y su estrategia para afrontarlo es seguir "haciendo lo mejor que puedan". En realidad, odio esas palabras cuando veo que la gente a la que quiero lucha. Lo odio porque en el fondo sé que lo dicen de verdad y que no saben qué hacer al respecto. Toman lo que pueden y aceptan que la lucha siempre será parte de su vida. Sólo quiero decir en un momento sincero que esta afirmación no tiene por qué ser siempre cierta.

Por eso me esfuerzo tanto en difundir la información que tengo sobre el espíritu empresarial. Sé por experiencia personal que convertirse en propietario de un negocio de algo es mejor que convertirse en empleado de nada. Si no pueden contratarte, asegúrate de contratarte a ti mismo. Si no pueden alimentarte, aprende a alimentarte tú mismo. Recuerda que en los primeros tiempos de la aparcería mis abuelas y abuelos no tenían opción. Si no trabajaban no comían. Si no mataban algo, no comían. Preparaban el ganado y las cosechas para venderlas y comerlas para vivir de la tierra. Pero para ello tenían que ser dueños de algo. Tenían que ser dueños de la tierra en la que vivían y tenían que ser dueños de los cultivos que recogían, tenían que ser dueños del ganado que mataban para comer cada noche. Nadie les iba a dar nada.

Mi abuelo John Brown aprendió por sí mismo a plantar diferentes cultivos y a construir un ahumadero para poder vender su especialidad a la comunidad y así librarse de las deudas y de su acuerdo de aparcería. No sólo fue inteligente y estratégico, sino que fue un movimiento de ir duro o irse a casa, como lo llamaríamos hoy. Mi abuelo se empeñó en llevar sus habilidades especiales al mercado para aumentar sus posibilidades de poseer más tierras y repetir el proceso para una buena administración. Si lees mi libro Reflujo ácido sabrás que escribí un capítulo titulado Los que tienen y los que no tienen. He aquí una pregunta para que reflexiones. ¿Era mi abuelo un "tener" o un "no tener"?

Traigo a colación esta pregunta porque me recuerda que mi hermano Ty, después de leer mi libro, me lo preguntó. Me dijo: "Oye hermanita, ¿soy un Tener o un No Tener?". Esa fue una gran pregunta con mucho peso. ¿Qué es un tener frente a un no tener? Bueno, como ya he explicado muchas veces, la única diferencia entre los que tienen y los que no tienen es la información a la que tienen acceso. ¿Mi abuelo tenía acceso a la información? Sí, la tenía. Utilizaba mucho el instinto y la oración, como decía mi tía Sallie, que se refería a mi abuelo como papá. Nunca conocí a papá, pero las historias que escuché sobre él me aseguraron que tengo mucho de papá en mi forma de elaborar estrategias y procesar información y ponerlas en acción.

No estoy seguro de si fue el almanaque de los agricultores o si preguntó a otros agricultores o si experimentó con diferentes cultivos para cultivar frutas y verduras especializadas para obtener un beneficio, no lo sé. Lo que sí sé es que papá tenía una familia que alimentar y estaba decidido a resolverlo. ¿Qué es lo que hace que papá sea en este caso un "no tiene"? Supongo que si recibió toda esta información y no la aplicó para crear moneda, entonces se pondría en una posición de no tener. Papá no tenía Google como nosotros hoy para buscar información y comunicarse con el otro extremo del mundo para vender bienes de consumo. ¿Qué son los bienes de consumo? Si no has leído mi último libro voy a dar una nota de trampa. Los bienes de consumo son cosas por las que te endeudas sólo con el propósito de crear ingresos con ese bien para crear ingresos. ¿Por qué no usamos más técnicas y estrategias de bienes de consumo para aumentar nuestro acceso a la riqueza? Pues recuerda que generacionalmente eres propenso a repetir las mismas estrategias y adaptaciones que aprendiste de tus padres o figuras tutelares.

Si todo lo que sabes hacer es buscarse la vida porque tus padres eran buscavidas, entonces aprendes a buscarte la vida. Ahora no me gusta el ajetreo porque lo aprendí de mi padre. Sólo tuve que tomar esa mentalidad de ajetreo y convertirla en algo que se iba a expandir y escalar en el formato de un emprendimiento comercial legítimo. No intentes adivinar cuál era el negocio de mi padre. Eso lo trataré un día en otro libro. Vamos a quedarnos con la idea de que las cosas que tus padres hacen bien, mal o indiferente puede ser transmitido a usted y es su trabajo para determinar si se trata de las cosas que se suman a su camino hacia el éxito financiero y la propiedad o se quita de ella.

La pobreza generacional, volvamos a ella. Cuando le pregunté a mi madre sobre su acceso a la propiedad de la vivienda y por qué lo hizo, su respuesta fue sencilla. Lo hice por mi familia. Recordó el día en que se decidió a ser propietaria de una vivienda con mi padre. Dice que yo era un bebé en la cuna de pocos meses y estaba aprendiendo a coger el biberón. Se dio cuenta de que había cucarachas por toda la cuna mientras yo tomaba el biberón. Ella sabía que había cucarachas en la casa, pero le horrorizaba que esos bichos se metieran en mi cuna mientras estaba teniendo un momento de orgullo al sostener mi biberón por mi cuenta. Esa fue la gota que colmó el vaso, le dijo a mi padre ¡se acabó! Vamos a comprar una casa. Él estuvo de acuerdo y fueron a buscar una casa que se compró. Ella dijo que no había dudado en dejar ese alquiler. Sabía que con su propia casa podría cuidarla mejor que el antiguo apartamento que tanto se esforzaba por limpiar y arreglar como podían cuando el propietario no respondía a su necesidad inmediata de mantenimiento.

Puedo decir que crecí en un hogar con un solo ingreso. Mi padre trabajaba en el tercer turno en una fundición. Su padre también proporcionó un hogar con un solo ingreso. Hicieron que funcionara. Esa generación de la que vengo hace estrategias para que funcione. Hoy en día me gano la vida porque proporciono estrategias a las personas que necesitan servicios para que las opciones les funcionen. Es mi contribución para ayudar a las miles de personas con las que he trabajado a lo largo de los años asegurándome de que rompen con la pobreza generacional y situacional. El trabajo de mi vida se ha basado en dar información y ayudar a otros a alcanzar su Sueño Americano y como sea que lo sueñen.

En esta nueva misión estoy decidido a crear más propietarios de viviendas. No quiero que la gente quede atrapada en la pobreza. Quiero que la gente rompa la mentalidad que crea la pobreza. La pobreza empieza en tu mente mucho antes de llegar a tus bolsillos. Esta mentalidad proviene de los pensamientos de "estoy haciendo lo mejor que puedo". Lo mejor que puedes hacer es que intentaste recoger la información para crear la moneda y alguien no te permitió acceder a la información. Depende de ti hacer algo con la información a la que tienes acceso. Hay muchas herramientas para ayudarte a romper las cadenas de la pobreza, pero primero tienes que identificar que estás en la pobreza.

Es muy fácil entrar en las redes sociales y mostrar a la gente que eres rico porque has alquilado una habitación de hotel o un coche de lujo. Seamos realistas, eso es lo que llaman "frontin for the gram". ¿Por qué la gente hace eso? Bueno, tiene mucho que ver con querer un estilo de vida que realmente no pueden permitirse. Noticia de última hora, tener acceso a tarjetas de crédito con altos límites para poder gastar dinero como si te hubiera tocado la lotería no es ser rico. Es sencillamente irresponsable y demuestra la falta de capacidad fiscal de una persona para manejar el dinero. El acceso al dinero no es la verdadera moneda. El acceso a la información que crea la moneda es el verdadero dinero aquí. Si no se puede recibir información, entonces es difícil producir moneda. Es triste decir que una recesión financiera todavía está por venir y todavía estoy en un viaje para ayudar a la gente a construir su arca financiera. Te estoy proporcionando la información para que no tengas que vivir generacionalmente como un Have Not.

Mi amiga aquí en la historia, por cierto, rompió la pobreza generacional. Ella es dueña de un negocio y actualmente tiene algunas propiedades que alquila a otras madres como ella que buscan pivotar durante un combate con la pobreza situacional. Aprendió a ayudar a la gente a mejorar su crédito y como servicio lo hace para los inquilinos. Normalicemos la provisión de estrategias para las personas que conocemos y queremos. Si nos limitamos a darles dinero, nunca aprenderán a salir de su situación. Puede que la haya ayudado aquí y allá, pero el mayor regalo que le enseñé fue el espíritu empresarial. Si le hubiera dado el pescado, habría comido todo el día. Pero le enseñé a pescar y ahora puede comer siempre. Nunca necesitó que yo fuera su muleta, sino que fuera lo suficientemente fuerte y comprensivo como para decir no a las limosnas, pero sí a las manos.

"La pobreza empieza en tu mente mucho antes de llegar a tus bolsillos".

- Dr. Tori Brown

Capítulo 2:

El reflujo ácido en los bolsillos

Espera un momento! "Cierra la puerta principal" como dice mi buena amiga Tiffany cuando hay que procesar y pensar en una información impactante. Hoy he leído que algunos estados están pidiendo que las personas que recibieron beneficios de desempleo devuelvan el dinero. Bien, estoy confundido por un minuto o dos. ¿Alguien ha sido capaz de sacar agua de una roca? Solo pregunto por un amigo. Vale, me has pillado... ¡Yo soy el amigo que pregunta! ¿Qué diablos estamos haciendo en estos días? Quiero decir, ¿había alguna letra pequeña que la gente que recibió el desempleo no vio? Como wow esto es difícil! Reflujo ácido en los bolsillos gente. Tenemos que llevar algunas soluciones a la gente. En situaciones de emergencia, los paramédicos vienen a detener la hemorragia en la víctima de la herida. Bien, si esto no es una herida que está sangrando no sé qué más es.

Así que hablemos rápidamente de cómo controlar la hemorragia. Si usted o alguien a quien quiere o conoce se encuentra en una situación como ésta y necesita ayuda inmediata, póngase en contacto con su asesor de crédito local. Lo digo en serio. Trabaje en su crédito o pague a alguien para que trabaje en su crédito. Estoy hablando de minimizar sus deudas actuales. Estoy hablando de frenar su apetito para comer fuera tanto y el gasto social y derroche. Ahora me doy cuenta de que este no es el tema con todos en esta situación, pero para la mayoría de la gente se trata de priorizar sus gastos y buscar maneras de aumentar sus ingresos. Estoy hablando de apagar tus videojuegos, dejar de hacer scroll en tu página de medios sociales para el entretenimiento emocional y el placer. Estoy hablando de conseguirte un libro con algunas estrategias que te ayudarán a resolver y minimizar algunas de tus luchas financieras. Es matemática simple para aquellos que están listos para aplicarla. No gastes NADA y gana TODO. Lo digo en serio, ¡hazlo! Trata el reflujo ácido en tus bolsillos como si fuera realmente ácido y es dañino si no se trata.

Cuando era niño y mi madre me daba un crujiente billete de 50 dólares, me decía: "No dejes que me queme el bolsillo". ¿Qué quería decir con esa frase? Me advertía que debía ahorrar mi dinero y no gastarlo en cualquier cosa. Aprendí muy pronto a no dejar que el dinero "me quemara el bolsillo". A veces trato el dinero y las finanzas como si no lo tuviera. Construyo un patrimonio anual como me dijo un buen asesor financiero hace años. Me dijo que era prudente acumular activos anualmente y gastar menos fondos discrecionales cada mes. ¿Qué son los fondos discrecionales? Dinero que utilizo para hacer lo que quiero. En realidad, funciono al contrario que la gente que tiene acceso al dinero.

Parecer rico no es lo que me importa. Sentirme bien con las decisiones financieras que tomo y tomarme el tiempo libre cuando lo necesito es lo más importante. No me malinterpreten, me encanta salir de la ciudad y viajar para ver y experimentar la tierra, pero ahora en este último año realmente he querido quedarme en casa y centrarme en lo que es importante para mí. Proporcionar herramientas e información es muy importante para mí. El trabajo que realiza mi organización sin ánimo de lucro para ayudar a otros a convertirse en propietarios de viviendas es importante para mí. Esta tarea es tan importante que voy a darles algunas herramientas para sacar el reflujo ácido de sus bolsillos.

¿Qué es el reflujo ácido en los bolsillos? Bueno, me alegro de que lo preguntes. 1.) Es cuando te has acostumbrado a perseguir el dinero y esa persecución del dinero ha creado un hábito que te está causando estrés y enfermedad. Mi mentor Henry "Coach" Washington me enseñó esto hace mucho tiempo. Me dijo que dejara de perseguir el dinero y que dejara que ese dinero te alcanzara. Perseguir el dinero es agotador, y es adictivo. Cuando eres adicto a conseguir dinero, puedes encontrarte haciendo cualquier cosa para conseguirlo como el fraude PPP y otras cosas que no voy a profundizar aquí. El dinero es una herramienta, y debes tratarlo como tal. No es una forma de controlar a la persona que dices querer o de acceder al club de los grandes, es una herramienta de recursos que te ayuda a acceder. En realidad, todo lo que necesitas es acceso. Recuerda que la única diferencia entre los que tienen y los que no tienen es la información a la que tienes acceso.

Ese dinero puede darte acceso y abrirte las puertas a la oportunidad de experimentar la mejor vida. Sólo tienes que poner algunas cosas en perspectiva para poder conservar para un día lluvioso. Utiliza el dinero para crear riqueza de activos. Hablo mucho de la riqueza de activos. ¿Qué es eso? Viene del término activo patrimonial en el que se puede utilizar indistintamente. Según Google, la riqueza patrimonial se describe como la medida del valor de todos los activos de valor que posee una persona, comunidad, empresa o país. La riqueza se determina tomando el valor total de mercado de todos los activos físicos e intangibles que se poseen, y restando luego todas las deudas. Esencialmente, la riqueza es la acumulación de recursos escasos. ¿Qué es escaso y qué no es escaso? Matemáticas sencillas para todos, la información. La información es un dato que se acumula y, aunque a veces puede ser especulativa, sigue siendo abundante y está disponible para que la conviertas en moneda.

¿Qué es el reflujo ácido en los bolsillos? 2.) Es la codicia que proviene de un lugar de carencia y psicológicamente está presente en las personas con baja inteligencia emocional. He estudiado algunas investigaciones sobre la inteligencia emocional en relación con el gasto de los consumidores. La investigación apoya que las personas con medidas de inteligencia emocional más bajas tienen un mayor interés en el gasto frívolo. Hablemos de ello. La inteligencia emocional (IE) es la capacidad de percibir, controlar y evaluar las emociones, y a menudo se denomina IE. Cuando se encuentra con alguien con una alta inteligencia emocional, es posible que no lo note como un atributo o característica en la persona con la que interactúa a diario. Sin embargo, si se encuentra cerca de alguien con una característica de inteligencia emocional más baja, puede notarlo enseguida.

De hecho, es posible que no pueda identificar que está ahí, pero su compromiso abrasivo con ellos puede notarse más por sus comportamientos. Recuerda que alguien con una IE baja puede parecer egoísta, centrado en sí mismo y muy difícil de llevar. Alguien con baja inteligencia emocional tendrá arrebatos emocionales, se volverá muy abrasivo e insensible, siempre tendrá que tener la razón en las circunstancias, será muy ajeno a los sentimientos de los demás, tendrá pocas habilidades de afrontamiento y a menudo culpará a los demás de sus problemas. La Inteligencia Emocional es algo diferente a los Coeficientes de Inteligencia que se conocen como CI. La IE es algo que puede aumentarse mediante la creación y el desarrollo de habilidades. El CI no es algo que se pueda aumentar o desarrollar, o se tiene un CI más alto o no se tiene. La Inteligencia Emocional es algo que se puede aumentar a través de diversas modalidades de tratamiento y técnicas de desarrollo profesional. Cuando tienes una relación con tu dinero que proviene de un lugar de codicia, a menudo encontrarás que tu intención de adquirir más de él es sólo seguir alimentando tu apetito por más y más de él. No hay nada malo en querer adquirir riqueza y recursos.

Sólo que a menudo la codicia puede nublar el juicio sobre cómo obtenerla. Esto puede incluir tomar malas decisiones con graves consecuencias, como cometer un fraude PPP. Para asegurarte de que no te estás poniendo en peligro financiero y emocional, es importante que reflexiones y evalúes por qué quieres obtener riqueza y qué planeas hacer con la riqueza que deseas tener. Por eso es sumamente importante que practique la autoevaluación con frecuencia en su estilo de vida para que pueda aumentar su Inteligencia Financiera Emocional. La inteligencia emocional financiera consiste en comprender lo que sentimos sobre el dinero y por qué. Se trata de entender lo que el dinero significa para nosotros emocionalmente, de modo que podamos acoger con sentimiento más dinero en nuestras vidas y disfrutarlo. Todo el mundo quiere sentirse bien y la mayoría cree que tener acceso a un excedente de dinero le hará sentirse mejor.

Ahora algunos pueden argumentar que el dinero no lo es todo, mientras que otros pueden argumentar que esas personas simplemente no han tenido suficiente dinero todavía para cambiar esa creencia. Yo creo que el dinero es una herramienta para acceder a las oportunidades y a los recursos que pueden crear múltiples caminos para lograr el éxito personal, pero eso es sólo yo y mi percepción y mi relación con el dinero. Mi sistema personal de creencias está ligado a mi interés por construir familias y comunidades fuertes. Por lo tanto, mi tiempo, que se convierte en dinero, junto con mi información, que también se convierte en dinero (por lo tanto, mi mantra de que la información es moneda) está bien gastado e invertido en las herramientas que proporciono a las familias y comunidades que están interesadas en desarrollar activos de riqueza.

Así que, de nuevo, ¿qué es el reflujo ácido en los bolsillos? 3.) Es el gasto frívolo y la compra de cosas que no necesitas absolutamente. Todos queremos sentirnos bien y todos queremos vibrar con el tema YOLO (You Only Live Once) porque se siente bien decirlo. Sin embargo, mientras vives la vida una vez, es tan importante pensar en el curso de lo que quieres que sea esta vida que estás viviendo y establecer un plan para vivirla efectivamente. El año pasado me entrevistaron para un artículo de una revista y la joven que me entrevistaba me preguntó por el título que uso en mi biografía. Me refiero a mí mismo como un ingeniero de estilo de vida. ¿Por qué me llamo Ingeniero de Estilo de Vida? Bueno, por qué no, soy un psicólogo licenciado y he practicado modalidades terapéuticas con varios clientes y familias a lo largo de los años en los que ejerzo.

De todo el trabajo realizado en mi anterior función como terapeuta clínica, lo que más me enorgullece es cómo me aseguré de que mis clientes entendieran que los valoraba como personas. Cuando estás en el campo de la terapia, es muy fácil quemarse. Quiero decir que en la mayoría de los entornos puedes estar proporcionando tratamiento a más de 40 o 60 personas a la semana. ¿Cómo es posible? Bueno, tienes una terapia individual y de grupo en la que eres responsable de la vida de las personas. Recuerdo que hablé con un piloto de avión y ambos hablamos de nuestras profesiones y de los pros y los contras del trabajo. Le pregunté cómo lidiaba con la presión de tener tantas vidas en sus manos mientras navegaba un gran avión para aterrizar en una pequeña pista de aterrizaje sobre el agua cuando volaba al aeropuerto de Washington DC. Dijo que para mí era fácil. Dijo en broma que le daría más miedo tener gente en sus manos semana tras semana con sesiones de terapia. A partir de ese momento tuve verdadera presión porque tenía razón. Es mucho para hacerse responsable.

Como terapeutas somos responsables de asegurarnos de que aportamos todo nuestro ser como profesionales a nuestra sesión terapéutica, como nos decía mi mentora y profesora, la Dr. Yvonne Calloway. Incluso me decía a menudo cuando me retractaba queriendo hacer cosas diferentes en diferentes entornos terapéuticos. Me decía, con cariño y en broma, que dejara de "hacer lo que debía", y tenía razón. No se puede "deber" salir de las cosas, así que como terapeuta entrenada para mover a la gente a través del proceso terapéutico para progresar, mi experiencia me preparó para convertirme en esa Ingeniera de Estilo de Vida que la gente necesita para decirles también que dejen de "deber" en ustedes mismos y creen el estilo de vida que quieren que incluye una buena inteligencia emocional y el uso de una gran Inteligencia Financiera Emocional.

El gasto frívolo es una señal de que aún no se ha fijado ningún objetivo financiero y no tiene la intención de fortalecerse en la construcción de activos patrimoniales. Una cosa es no saberlo, pero otra cosa es saberlo, pero no tener los motivos para querer hacerlo mejor. Poner excusas a tus comportamientos en el gasto es una forma de evasión de la idea de que tal vez no creas realmente que mereces algo de valor que se parezca a la riqueza. Tienes que hacerte las preguntas difíciles. ¿Quieres crear riqueza? Tal vez realmente no lo hagas y quizás veas elementos como la compra de una casa sólo como un objetivo más y no como un medio para llegar a una meta. Ser propietario de una vivienda le da una pantalla para lograr un estilo de vida exitoso. Hay algo en la propiedad que debería hacer que te sientas orgulloso de cómo vives. Cuando eres dueño de algo deberías cuidarlo mejor. Puede que algunos no lo hagan porque no valoran el acceso que la propiedad te aporta en la construcción de tu activo patrimonial.

He conocido a personas que poseen una casa que no se han tomado el tiempo de hacer nada para mantener el mantenimiento de la propiedad. El desorden en su espacio de la casa puede ser una representación simular del desorden en su mente y eso está bien para ellos, pero para usted mi amigo usted está leyendo porque asumo que usted quiere más así que consigo compartir más con usted. Tengo que decirte más, tengo que empujarte más y desafiarte más a pensar en lo que haces financieramente y por qué lo estás haciendo. Si te encuentras gastando frívolamente, entonces te encontrarás haciendo algunas de las cosas que mencioné anteriormente como perseguir el dinero y ser codicioso con el dinero. Estas son todas las características que puede tener el reflujo ácido en sus bolsillos que puede ser perjudicial tanto para su salud financiera, mental y física. En el futuro, asegurarse de que usted es capaz de identificar lo que está causando las enfermedades es tan importante como la comprensión de que usted tiene una enfermedad cuando se trata de su salud financiera. Esto me lleva al último punto de descubrimiento.

¿Qué es el reflujo ácido en los bolsillos? 4.) No es establecer objetivos de riqueza patrimonial para usted y su familia. Esta no es tan complicada como las tres anteriores porque es directa y al grano. Pregúntese esto y sea honesto con su respuesta. ¿Es usted un "tener" o un "no tener"? Si eres parte de los que tienen, entonces eres libre de irte. La clase está cerrada y la sesión ha concluido. Eres parte del 1% de personas en este mundo como Warren Buffet, Jeff Bezos y Elon Musk, etc. Recientemente Jeff Bezos ha regalado a unas pocas personas selectas 100 millones de dólares para que hagan lo que consideren oportuno con ellos. Una de las personas seleccionadas es Van Jones, colaborador de noticias de la CNN. Ahora algunos pueden argumentar que sólo lo donó para fines fiscales. No importa cuál sea su razón para hacerlo, el punto es que el Sr. Bezos tenía el capital para hacerlo. Ese capital puede ser utilizado de muchas maneras para crear diferencias que cambian la vida de las personas en todo el mundo. Recuerda que este mismo mundo involucra a personas que no tienen mucho de nada. Así que la próxima vez que quieras comprar tu vigésimo Rolex porque eres parte de los que tienen, espero que desde una perspectiva humanitaria puedas recordar que el coste de ese Rolex podría haber creado viviendas para muchos niños y familias.

No estoy diciendo que no debas tener cosas bonitas. Yo tengo cosas bonitas. Sin embargo, sólo pido que consideres a las personas que te rodean y que miran a la esperanza porque no pueden ver a Jeff Bezos, pero pueden verte a ti todos los días. Pueden hablar contigo todos los días. Pueden experimentar lo que usted experimenta y ganar esperanza porque usted les dio esa imagen de esperanza en la forma en que maneja su dinero. Si usted es un no tiene y quiere convertirse en el equipo de los Haves entonces usted tiene que poner algunas cosas en perspectiva. Una de las principales perspectivas que debes tener es asegurarte de que estás estableciendo objetivos de riqueza de activos. ¿Se ve a sí mismo poseyendo 5 o 6 casas? Cuanto más riqueza de activos construyas, más flexible será tu estilo de vida. No estoy aquí para decirle que debe adquirir 5 o 6 casas. Estoy aquí para animarte a que PUEDAS adquirir 5 o 6 casas y utilizarlas como activos. No es imposible. Es sólo un proceso en el que usted es bienvenido a obtener.

Lo principal que hay que saber sobre la adquisición de riqueza de activos es que ésta comienza con la compra de la primera casa. Ser propietario de una vivienda es el trampolín para cerrar la brecha de riqueza entre las familias negras y blancas. Dejando un legado y activos con grandes pepitas de conocimiento es como se vive para siempre y esto mi amigo es su verdadero escape a YOLO. Vivir una vez requiere que hayas hecho lo que tenías que hacer por ti y por tu familia mientras estabas aquí. El reflujo ácido en tu bolsillo es dañino y se puede prevenir. Sólo tienes que ser honesto contigo mismo sobre lo que quieres para tu estilo de vida, cómo quieres conseguirlo y cuáles son tus planes para lograrlo.

"La propiedad de la vivienda es uno de los factores más importantes para disminuir la brecha de riqueza que vemos entre las poblaciones negra y blanca. Cuando aumentamos la propiedad, aumentamos la riqueza de las familias negras y marrones de nuestras comunidades".

*- **Dr. Tori Brown***

Capítulo 3:

Aumentar la propiedad de la vivienda en las comunidades negras y marrones

De acuerdo con el 2021 EE.UU. En 2020 vimos una disminución en la compra de nuevas viviendas y la propiedad de la vivienda. Sin embargo, en 2021 a pesar de que se publicitó como un mercado de la vivienda en alza; la investigación de la Oficina del Censo de EE.UU. muestra que hubo un descenso significativo en la compra de viviendas. Entonces, ¿quién se benefició exactamente del auge del mercado de la vivienda aparte de los inversores inmobiliarios? En efecto, el mercado aumentó el número de compras de propiedades de inversión inmobiliaria. Pero, ¿cómo beneficiaron exactamente las compras de estos inversores inmobiliarios a las familias que viven en ellas? No lo hizo. Sólo los colocó en una posición de acceso a la vivienda, no a la propiedad de esa casa. Por si no te has dado cuenta, todo el mundo habla de la vivienda asequible en 2021. Tienes diferentes celebridades lanzando aplicaciones y comprando terrenos y realmente involucrándose en la tendencia de la vivienda asequible.

Mi hermana es agente inmobiliaria y me dijo que Zillow ahora es propietaria de casas. Pensé que eso tenía mucho sentido como estrategia comercial. Quiero decir que por qué no, son uno de los mayores motores de búsqueda de casas y es un nombre tan conocido como Google y Geico. Nada permanece igual en una economía en movimiento y eso incluye los precios de las compras importantes como la vivienda. En marzo de 2020 comencé el desarrollo de la construcción de una nueva casa desde los cimientos para mi madre. Cuando la casa se construyó en diciembre, los precios de la casa habían aumentado significativamente y las tasas de interés eran buenas y bajas para las puntuaciones de crédito de 750+. De hecho, los clientes en 2021 estaban comprando varias propiedades a diferencia de mis clientes en 2020. Estos clientes se estaban preparando para capitalizar el mercado de la vivienda y el aumento de las tasas de alquiler. Algunos clientes alquilaron sus propiedades, algunos compraron para renovar y vender conocido como arreglar y voltear, mientras que algunos compraron propiedades para Airbnb a cabo que por lo general produce 3 veces el beneficio que las filas de alquiler hace (Filas de alquiler se refiere a la propiedad que usted alquila y los ingresos que viene al propietario como beneficio de ese inquilino).

Algo interesante ocurrió con mis clientes que leyeron el libro Reflujo ácido. El público al que iba dirigido era el de los clientes inversores inmobiliarios que intentaban invertir en propiedades y crear activos. Los clientes que leyeron el libro se convirtieron en compradores de vivienda por primera vez y luego se convirtieron en propietarios a través de la compra de propiedades de inversión. Esto es lo que yo llamo emoción. Imagina que haces una olla de sopa y luego te das cuenta de que esa olla de sopa se convierte en la comida principal. Esto es lo que llamamos cocinar con grasa. Así que al retroceder en el libro y la información en el libro se me ocurrió que di estrategias que no sólo puede aumentar los activos de riqueza, pero aumentar la propiedad de la vivienda también. Entonces, ¿cómo podemos aumentar la propiedad de la vivienda en las comunidades negras y marrones? Elemental, mi querido Watson, como diría Sherlock Holmes. Se trata exactamente de desbloquear y descubrir las piezas del rompecabezas. Estos son los pasos que los negros y los morenos deben tener en cuenta a la hora de comprar una vivienda.

Cuestiones a tener en cuenta:

- Si tuviera la oportunidad, ¿compraría una vivienda?
- ¿Dónde compraría esta casa?
- ¿Cuánto podría pagar por una casa?

Puedo decirte por experiencia que es un reto hacer algo que nunca se ha hecho antes. Cuando digo que nunca se ha hecho antes me refiero a que TÚ nunca lo has hecho. Eso no significa que no pueda ser hecho antes por ti. Ha habido muchas experiencias en mi vida en las que he tenido que ser el primero. En mis primeros años de educación media fui el primero en ser aceptado en una escuela para superdotados. Fui el primer empresario documentado de mi familia. Fui el primero con un título de doctorado de una universidad en mi familia. Incluso fui la primera generación de estudiantes universitarios en la familia. Durante mi estancia en la Universidad de Eastern Michigan me convertí en la primera de la familia en entrar en un programa clínico que requería que aportara todo mi ser al trabajo. Recuerdo mi formación como clínico en mi primer programa de posgrado. Era la primera vez que experimentaba el hecho de tener una secretaria con la que consultar la programación de mis citas. Es un reto y definitivamente algo nuevo cuando tienes que operar y comunicarte con alguien para coordinar tu agenda. Estaba demasiado nerviosa para sentirme importante y segura de tener una secretaria o recepcionista. Estaba tímida y asustada por dentro y realmente no estaba segura de mí misma.

Mi exterior parecía que lo tenía todo controlado, pero mi interior era ansioso e inseguro. Cuando me presentaron a Stephany, la recepcionista, me di cuenta al instante de que había algo diferente en ella. Ella también era una joven afroamericana, así que al instante me pareció que había alguien que se parecía a mí y con quien podía relacionarme en ese departamento clínico. Era agradable, simpática, servicial y muy conocedora de todo el departamento. Realmente empecé a notar cómo iba más allá para ayudarme mientras intentaba encajar socialmente en un entorno de trabajo predominantemente blanco y dominado por hombres blancos.

Fue un entrenamiento, pero créanme que fue un trabajo aprender a ponerse las capas psicológicas para ayudar a los clientes a trabajar a través de sus problemas de la vida en la terapia. Después de una noche de completar una sesión con un cliente pude hablar con Stephany uno a uno sin inhibiciones. Mientras hablábamos casualmente sobre nuestro entorno, nos dimos cuenta de que ambas éramos de la misma ciudad natal, Saginaw Michigan. Nos quedamos absolutamente impresionados al descubrir que ambos venimos de Saginaw y que ambos escapamos del ambiente negativo de Saginaw para venir a Ypsilanti Michigan en busca de una vida y un estilo de vida mejor. Se sintió muy bien tener a alguien que pudiera relacionarse con tu pasado y ver tus intentos de avanzar hacia tu futuro. Esto se convirtió en una amistad que se extendió más allá de ese día. Me río con ella a menudo de lo lejos que hemos llegado.

Sabía que había algo especial en ella. No era una simple recepcionista o secretaria, sino que era una fuerza y un poder bajo esa sonrisa elegante y equilibrada que lucía cada día. Era educada y una directora ejecutiva (CEO) en ciernes y sabía cómo ocultar todo eso detrás de su personalidad mansa y humilde. Como decimos en Saginaw, "juego reconocido, juego", porque ella vio los mismos atributos en mí. Ambos sabíamos entonces que éramos capaces de hacer mucho más de lo que hacíamos. A lo largo de los años hemos sido capaces de hacerlo con éxito, pero lo fundamental de esa situación es identificar a alguien en tu vida que siempre te inspire a hacerlo mejor. Recuerdo cuando me inspiró a comprar mi primera casa. Tuve la oportunidad de comprar pero no estaba muy segura de querer hacerlo. La razón principal para no estar segura era que tenía miedo. Sinceramente, no sabía si podía permitírmelo. Tampoco sabía dónde comprarlo. En ese momento vivía en el centro de Detroit, pero trabajaba a 30 minutos en Monroe Michigan. Monroe Michigan era una ciudad muy pequeña al norte de Toledo Ohio. Era una ciudad predominantemente blanca en la que a menudo se hablaba de división racial y racismo.

Lo supe de primera mano porque trabajando allí cada día vi el ambiente de esa comunidad. Conocer la comunidad y amarla se convirtieron en una sola cosa porque hice conexiones y amigos con los residentes y profesionales, tanto blancos como negros, de ese condado. Eso no me hizo dudar de querer vivir en esa comunidad. Sucede que mi constructor favorito estaba construyendo allí; y sí, tengo una lista de constructores favoritos como algunas personas tienen equipos favoritos de la NFL y la NBA. Un día pasé por allí y me reuní con la agente de ventas y me mostró diferentes diseños que estaban construyendo en esa comunidad. Tuve la oportunidad de diseñar mi nueva casa desde el suelo hasta el techo. Sin embargo, estaba dispuesto a dejar pasar esa oportunidad hasta que se lo comenté a Stephany. Vaya, lo que hice fue contarle a esta animadora mis miedos y ella los derribó uno a uno. No ayudó el hecho de que ella tuviera experiencia en la compra de viviendas y en las hipotecas. Me enseñó que comprar una casa ahora equivalía a construir un futuro financiero. Te digo que tienes que confiar en cualquier persona llamada Stephany que deletree su nombre con una Y al final. Jamás te orientará mal. Lo siguiente que recuerdo es que estábamos calculando cuánto podía pagar por una casa. El resto está en los libros de historia después de comprar mi primera casa.

Tenía poco más de 20 años y estaba comprando mi primera casa. Para ser honesto, realmente no entendía en qué me estaba metiendo. Lo único que sabía es que estaba calificado y tenía la oportunidad de comprarla y lo hice. A veces se necesitan situaciones en las que a la gente se le presentan oportunidades para hacer algo como comprar una casa. Cuando pienso en mis relaciones y amistades, yo era uno de los pocos que compraba una casa. No es que la compra de una casa fuera un tema cotidiano entre mis amigos y yo. La oportunidad de comprar mi primera casa simplemente "cayó en mi regazo", como se dice. Les animo a que piensen en aprovechar todas y cada una de las oportunidades que existen para obtener una vivienda en propiedad.

Más preguntas a tener en cuenta:

- ¿Tienes ingresos constantes durante al menos 2 años?
- ¿Ha presentado sus dos últimas declaraciones de la renta?
- ¿Ha revisado su crédito en los últimos 30 días?
- ¿Tiene información negativa en su perfil crediticio?

Hay muchas cosas en las que debe pensar si está planeando comprar una casa nueva en los próximos 12-15 meses. Estas preguntas a tener en cuenta son sólo el siguiente nivel de las preguntas anteriores que te harías a ti mismo y responder de la manera más honesta posible. Como se ha mencionado antes, ser propietario de una vivienda no es un juego rápido de abracadabra con un resultado de la noche a la mañana. Tienes que entender que la compra de una casa es una compra importante y requiere que cruces todas las T y pongas todos los puntos sobre las íes antes del proceso. Las preguntas anteriores son cosas que debes considerar responder honestamente por tu cuenta antes de hablar con un agente inmobiliario. Estas preguntas son las que usted se hace antes de hablar con un hipotecario o un banquero sobre el proceso de préstamo.

Si ha trabajado en el mismo empleo durante dos o más años con ingresos constantes, éste será el requisito mínimo. Algunos exigirán más años. También resulta favorable por su parte si ha trabajado en el mismo sector laboral durante tres o cuatro años. Si sus ingresos se derivan del trabajo por cuenta propia, es importante que tenga ingresos constantes durante al menos tres o cuatro años. Esto incluirá permitir al prestamista ver los extractos bancarios de cada año de su negocio en los últimos cuatro años. Uno puede preguntarse por qué necesitarán toda esta información. Consideremos este escenario si usted fuera el prestamista. Por ejemplo, digamos que usted tiene 240.000 dólares extra por ahí y alguien quiere pedirlo todo prestado para comprar una casa.

En este caso, querrá saber absolutamente todo sobre esa persona que acaba de conocer y que quiere pedirle prestada esa cantidad. ¿Le importaría si la persona ha trabajado en el mismo empleo durante siete años o si sólo ha trabajado para sí misma durante un año? Creo que la opción práctica sería prestar a la persona que tiene un buen historial laboral con un buen sueldo de los últimos siete años. Lo más probable es que pueda devolverte esa deuda. ¿Confiarías en la persona que tiene un autoempleo ganando dinero aquí y allá durante el último año? Sí, yo tampoco lo haría. Así que el punto que estoy haciendo aquí es que usted tiene que mirar prestable al prestamista sobre todo cuando se trata de sus ingresos.

Nadie quiere prestar dinero a un propietario para que lo compre, si tiene la posibilidad de perderlo después. La verdad es que, en algunos casos de préstamos abusivos, le prestarán con ese fin. Es triste decir esto pero, en el pasado, y tal vez todavía en el actual, los prestamistas se han permitido prestar a la gente subprime porque saben que el PMI pagaría el seguro por perder la casa. Subprime es prestar a un grupo de personas que tienen la puntuación de crédito mínima por debajo de 620 para calificar para una casa. Una puntuación de crédito subprime sería de 540. Su puntuación de crédito determina su historial para los préstamos y debe estar por encima de 700 para obtener los mejores tipos de interés. Algunos indicadores que tienden a mostrar que el mercado de la vivienda pronto podría estancarse es la cantidad de prestamistas depredadores que aprobaron casas a personas que sabían que no serían capaces de mantener los pagos de su casa. Esto fue especialmente un desafío para los propietarios que compraron una casa con un ARM frente a una tasa fija.

La presentación de sus declaraciones de impuestos es muy importante para tener antes de que el inicio de la exploración de la compra de una casa. Sus impuestos le dicen al prestamista todo lo que necesita saber para sugerir la aprobación o denegación de un préstamo hipotecario. Le recomiendo que utilice un preparador de impuestos profesional cuando presente las declaraciones de impuestos a su prestamista para su revisión. Este es el caso especialmente de los que trabajan por cuenta propia. A menos que tenga experiencia en la presentación de declaraciones de impuestos, le recomiendo que deje ese trabajo a los profesionales que conocen las leyes fiscales actuales para que le ayuden. A veces, cuando sólo se utiliza un software en línea se puede perder los ojos humanos que pueden manualmente dar sentido a la presentación de su informe de crédito y en los casos en que su prestamista necesita una explicación su CPA o preparador de impuestos puede proporcionarle una. Los impuestos son sólo una parte del trabajo que debe hacer como preparación para la compra de la casa.

La puntuación de crédito es un factor muy importante. Como se mencionó anteriormente, su puntuación de crédito determina la tasa de interés de su préstamo. Es útil tener casi una puntuación de crédito de 800+ para calificar para las mejores tasas absolutas. Si usted no tiene 800+ entonces usted necesita asegurarse de que usted está solicitando 700+. Cualquier cosa por debajo de 620 FICO y podría convertirse en la prima y minimizar sus posibilidades de permitirse la casa real, porque van a añadir en lo que ellos llaman PMI en un préstamo. Según Google, el PMI también se conoce como Seguro Hipotecario Privado y es un tipo de seguro hipotecario que podría estar obligado a pagar si tiene un préstamo convencional. El PMI es un tipo de seguro que pagará al prestamista en caso de que éste incumpla el préstamo. Funciona como si usted comprara un teléfono móvil y lo perdiera, hiciera una reclamación al seguro y alguien le enviara un cheque por el reemplazo.

Este es todo el concepto excepto que si pierdes tu casa por falta de pago, el prestamista gana la cantidad de dinero prestada de la casa del seguro y alguien más obtiene una casa pagada que revenderá y pondrá de nuevo en el mercado. Esta información que comparto con usted no pretende que se enfade y se resienta del proceso. Mi intención es prepararte para el proceso de preparación para la compra de tu nueva casa. La puntuación de crédito es importante. Protéjalo con su vida especialmente porque es su vida. No puedes conseguir nada si das cuatro pasos adelante y uno atrás. Tienes que priorizar tus gastos. Casi nunca solicites un montón de tarjetas de crédito y luego compres una casa. Aumentarás tu ratio de deuda sobre ingresos que debería estar por debajo del 43%. Esto suele incluir tus préstamos estudiantiles.

No tenga miedo de mirar su crédito lo antes posible. Usted no quiere ser sorprendido con el agente de bienes raíces cuando su pre-aprobación es rechazada, eso es vergonzoso. Estoy tratando de mostrarte de manera realista lo que puedes hacer antes de llamar al agente inmobiliario o a la persona encargada de la hipoteca, sacar tu crédito de los últimos 30 días. Si usted tiene información derogatoria en su informe de crédito asegúrese de trabajar con consultores de crédito certificados o trabajar hacia la certificación de consultoría de crédito, de cualquier manera usted tiene que aprender a leer su informe de crédito y cómo aumentar su puntuación de crédito.

Preguntas adicionales:

- ¿Has ahorrado algo de dinero para el pago inicial?
- ¿Está dispuesto a aumentar sus ingresos?
- ¿Cuenta con el apoyo social de amigos y familiares para la compra de una vivienda?

Estas preguntas adicionales pueden no ser tan importantes como los dos primeros grupos de preguntas, sin embargo, deben ser tomadas en serio en este capítulo. Todo lo que estoy asumiendo para tomarme el tiempo de escribir en este libro está creado con la plena intención de asegurarme de que usted gane. Algunas personas simplemente lo hacen día a día, mientras que otras están aquí ganando todos los días. Sé por experiencia que se necesita un pueblo de ganadores para levantar a otro ganador. También sé que no todo el mundo tiene el apoyo de un equipo ganador a su alrededor. A veces la gente tiene que aprender a encarrilar un estilo de vida que a menudo se ve en la televisión y en las redes sociales. Cuando miro a mis contactos de las redes sociales, reviso cómo están viviendo su vida y cómo la representan ante su público. Muchos de los influenciadores de las redes sociales se ganan la vida vendiendo productos que te enseñan a vivir un estilo de vida similar al suyo. Pienso en ello como la ola en la que la pandemia nos ha enseñado a ganar dinero sin salir de la comodidad de tu casa.

Mi reto para ti, como lector de este libro, es que te autoevalúes y explores cómo te ves a ti mismo y tu relación personal con el dinero. ¿Eres como el joven yo que dejaba que "el dinero te quemara los bolsillos"? ¿O eres el yo mayor y más sabio que ve el dinero como una herramienta para acceder al desarrollo de la riqueza de activos a través de la propiedad? Independientemente de cómo te veas a ti mismo, tal vez sea el híbrido de los dos; tienes que ser realista sobre lo que quieres en la vida y lo que se necesitaría financieramente para conseguirlo. Para ello debe ser consciente de cómo ahorra su dinero y de lo que compra a diario. El dólar que ahorras hoy puede ser el mismo que utilices para hacer una compra importante como la de una vivienda.

Crear un ahorro siempre es importante cuando se trata de comprar una casa. Algunas personas han podido aportar el 3,5% como pago inicial en un préstamo de la FHA. Estos préstamos suelen tener bajos costos de cierre. Cuando estudiaba para convertirme en un consejero certificado del HUD, aprendí mucho sobre los diferentes tipos de préstamos. Ahora hay muchos programas disponibles para los nuevos propietarios de viviendas en forma de ayuda para el pago inicial. Un funcionario hipotecario talentoso tendrá toda esa información para usted mientras avanza en el proceso de préstamo. Asegúrese de preguntarle a su agente de préstamos acerca de cualquier programa que tenga o conozca para la ayuda al pago inicial. Pregúnteles si su compañía ofrece algún programa de asistencia para el pago inicial. Si no saben nada de esto o ni siquiera saben de qué estás hablando, puede ser importante que te alejes y hables con otra persona. También quiero recomendar que se entreviste con diferentes agentes de crédito cuando esté en el proceso de préstamo. También recomiendo esta misma estrategia cuando esté buscando un agente inmobiliario.

Tienes que saber que cuando se trata de este tipo de profesionales tienes opciones. Y aunque técnicamente no les estés pagando por adelantado por sus servicios, debes tener en cuenta que trabajan para ti. En ese proceso lo último que tienes que tener en cuenta es que no tienes que trabajar con ningún agente que no te guste o con el que te cueste comunicarte. Se supone que estos profesionales son agradables por lo que ser agradable y respetado no debe ser el criterio para trabajar con usted que debe ser un hecho. No debes centrarte en si son amables contigo. Su principal objetivo es que estén bien informados, motivados, sean inteligentes y tengan un historial de cierre de tratos difíciles. No voy a insinuar que su acuerdo será difícil porque algunos acuerdos no lo son. Sólo digo que, en caso de que tenga alguna dificultad, tiene que asegurarse de que tiene un agente fuerte que va a ir a batear para usted con la suscripción y se comunicará con usted con información buena, mala o indiferente. Usted no necesita un "sí hombre" cuando usted está cerrando en una casa.

Recuerdo que mi primer agente en la compra de mi primera casa era muy tímido. No entendí en ese momento que ella era nueva y que su agente era el que mandaba. Ahora créanme, no tengo ningún problema con la gente nueva en una profesión que tiene una curva de aprendizaje, sin embargo, no quiero su curva de aprendizaje conmigo. El corredor sabía que yo estaba listo para abandonar el trato, lo sintió. Una cosa que he aprendido a lo largo de mi carrera profesional es saber cuándo está bien abandonar un trato que no cumple todas mis expectativas. Especialmente cuando se trata de cómo gasto mi dinero. Seamos claros, sí te están prestando su dinero, sin embargo, una vez que firmas los papeles se convierte en tu dinero, así que siempre ten cuidado de estar cómodo con cualquier acuerdo que estés haciendo que implique compras importantes como la compra de una casa. Una cosa que supe desde el principio que no haría es comprar una casa con un brazo ajustable. Eso significa que el préstamo se ajustaría en función del mercado.

Si adquieres una hipoteca con un préstamo ajustable puedes pasar de pagar, por ejemplo, 900 dólares al mes a 1.200 dólares al mes. No estoy dispuesto a ajustar mis hipotecas y jugar al mercado como si fuera un boleto de lotería. Los únicos préstamos con los que personalmente me siento cómodo son los de tipo de interés fijo. No me gustan las sorpresas como los pagos globales en una cantidad determinada de años por venir. Deberíamos jugar a este juego de desarrollo de activos como si pensáramos que viene lo peor y sorprendernos cuando se presenta lo mejor. Me gusta saber en todo momento cuáles son mis pagos mensuales para poder contabilizar las ganancias frente a las pérdidas de las propiedades que aumentan o disminuyen su valor a lo largo de los años. Ahorrar para el pago inicial es muy importante porque en la mayoría de los casos puede "endulzar" el trato para que te aprueben una hipoteca.

Cuando los clientes se acercan a mí y me piden estrategias para ahorrar dinero para el pago inicial, les indico que saquen una cantidad determinada de dinero de su cuenta bancaria cada mes como si fuera una factura. Llevo años pagando facturas mágicas que no existen. Estas facturas son sólo una cuota que cargo cada mes y que va a una cuenta de ahorro. En la mayoría de los casos no veo ni pienso en ello como si fuera una cuenta bancaria. Lo veo como el pago de una factura que irá a parar a una deuda o "factura real" que pagaré para que sirva de anticipo de activos. Otra estrategia para el pago inicial es pedir a tus amigos que te regalen 1.000 dólares. No sé qué tipo de amigos tienes en tu vida pero yo me mantengo conectado con un grupo de personas que se ganan la vida con el dinero. Si usted tiene un amigo en su vida que no tiene por lo menos $ 1,000 es dinero en efectivo discrecional disponible, entonces usted no puede estar en compañía realmente confiable. He tenido la suerte de tener personas en mi vida que son realmente cercanas a mí que ofrecerían su tarjeta de crédito o dinero en efectivo si lo necesitan. Sabía que era el momento de conseguir más gente en mi vida que pensara como yo y diera como yo cuando me caí financieramente.

La mayoría de la gente no admite cuándo se ha caído económicamente porque siempre quiere aparentar que lo tiene todo controlado en todo momento. Yo siempre he hablado abiertamente de los momentos difíciles de mi vida en los que lo perdí todo. Sí, así es, lo he perdido todo tres veces en mi vida y he vuelto. La única diferencia de la última vez es que aprendí a mantenerlo con el desarrollo de activos. El desarrollo de activos es una estrategia que se utiliza en los negocios que requerirá que usted trabaje con un asesor financiero para asegurarse de que está en una posición de posesión. La posición de posesión te enseña que siempre planeas y vives como si estuvieras "en bancarrota" sin embargo avanzas como si estuvieras "creciendo en bancarrota". Yo crezco sin blanca todo el tiempo. Una de las maneras en que crezco en la quiebra es no haciendo compras frívolas.

Cuando se trata de comprar algo de menor a mayor importancia, me digo a mí mismo que no lo necesito. De hecho, para comprar algo me digo a mí mismo que me convenza de comprarlo. Verás, cuando no tienes ninguna adicción ni hábitos de gasto fastuosos que demostrar a alguien, te sorprendería lo mucho que ahorras. En lugar de gastos frívolos utilizo mi capital discrecional para aumentar mis activos y mis pólizas de seguro de vida. No, no estoy invirtiendo mi dinero en beneficios por fallecimiento, sino que estoy aumentando mis beneficios de vida incrementando mis pólizas cada año.

Cada año, antes de mi próximo cumpleaños, reviso mis activos vinculados a mis pólizas de seguro y aumento y/o convierto mis pólizas a plazo en pólizas de vida entera. También añado pólizas de seguro IUL adicionales. Estas son algunas de las estrategias que he puesto en práctica durante años gracias a mi buen amigo Jon Sugick. Suge, como le llamábamos cariñosamente antes de que falleciera, se aseguró de vivir su vida asegurándose de que la gente supiera lo importantes que eran las pólizas de seguro de vida. No sólo para la muerte, sino también en la vida. Suge me dijo algo que nunca olvidaré. Dijo: "la mayor transferencia de riqueza está en los seguros de vida".

Jon Sugic, que en paz descanse, es la razón por la que cuando perdí todo esa última vez, me aseguré de planificar una estrategia en la construcción de la riqueza de activos a través de pólizas de vida entera. Dicho esto, si usted ha tenido la suerte de haber accedido a información como esta antes de la compra de una casa, entonces usted sabe que tirar del valor en efectivo de su póliza de seguro o 401K puede servir como un pago inicial. John estuvo ahí para mí cuando necesité orientación sobre cómo volver a ponerme en pie. Tener amigos como John es muy valioso. Una cosa sobre John es que no te dejaría caer si te llamara amigo. Si te quería y eras su amigo, eras un amigo de verdad. De hecho también significaba que tenía esos 1.000 dólares si los necesitabas para que pudieras volver al juego. No estoy diciendo que te deshagas de tus amigos quebrados. Lo que digo es que evalúes tu red porque, como decimos en los negocios, tu red se convierte en tu valor neto. Aquí hay un ejercicio que siempre hago con la gente en mi formación y que provoca una conversación que hace pensar cada vez.

Saca un bolígrafo y escribe los nombres de las personas de tu vida con las que hablas a diario. Pueden ser familiares cercanos, amigos o ambos. Ahora, junto a sus nombres, escribe sus ingresos anuales aproximados. Ahora divide esos ingresos entre 5 y mira qué número obtienes. Ahora compara esos ingresos anuales con lo que tú ganas cada día. Al comparar estas cifras, pregúntate lo siguiente. ¿Necesitas aumentar tus ingresos por encima de esa cifra o estás contento con esos ingresos? ¿Estás haciendo todo lo posible para aumentar tus ingresos? ¿Sabes cómo aumentar tus ingresos? ¿Está dispuesto a aumentar sus ingresos? Hago esta última pregunta porque quiero que sea honesto sobre su viaje de desarrollo de la riqueza de activos.

Algunas personas son honestas y dicen que no quieren hacer nada diferente, pero sí quieren ganar más dinero. Estas son las personas que juegan a la lotería cada día y esperan un gran pago para poder ser ricos. Ahora, yo no golpeo el proceso de pensamiento de nadie en eso porque quién soy yo para decir que no puede suceder a ellos. Sólo digo que últimamente es "sexy" hablar de negocios. Quiero decir que, como desarrollador de negocios, hay gente que quiere hacer funcionar ideas de negocio a través de mí todo el tiempo. Puedo respetar eso porque respeto absolutamente el interés en convertirse en un hombre o mujer de negocios. Sin embargo, hay veces que la gente trata de captarme y me menciona que quiere montar un negocio. Cuando les pregunto qué tipo de negocio les interesa, no es raro escuchar: "Oh, no lo sé... estaba pensando en dedicarme a los "bienes raíces".

Este es otro tema sexy: los bienes raíces. Quiero decir que debería ser sexy, ¡se ha ganado ese título por derecho! Qué mejor manera de construir un patrimonio que con los bienes raíces. La falta en el juego para la "charla sexy de bienes raíces" viene cuando la persona no se ha tomado el tiempo para aprender acerca de las formas de hacer dinero o iniciar un negocio en bienes raíces. Entonces pienso que me van a desgastar la oreja aprendiendo cuando pueden comprar alguno de estos gurús inmobiliarios que venden cursos. No... no vamos a hacer eso. Quiero que aprendan a ser lo suficientemente serios sobre un negocio como para tomarlo en serio y aprender algo sobre él. Así, cuando tengas una conversación inteligente sobre un tema como el de los bienes raíces, podrás tener más que decir al respecto que "¿cómo van los bienes raíces?".

En mi último libro Reflujo ácido mencioné que mi hermana dice que siempre hay que "tener un perro en la pelea", es decir, saber lo suficiente sobre un tema que atraiga a una persona para tener otra conversación contigo más tarde. Ahora, para aquellos de ustedes que son serios acerca de la adición de ingresos adicionales a sus finanzas personales que tiene que saber que los bienes raíces es una de las formas más rápidas de ir. He hecho el dinero más rápido en bienes raíces a través de la venta al por mayor de la propiedad. No es raro que los mayoristas obtengan un extra de $8,000 - $12,000 por trimestre con sólo ser la persona que encuentra al vendedor y compromete al inversionista en la compra de la propiedad. ¿A quién no le vendrían bien unos 32.000 - 48.000 dólares adicionales al año de ingresos comerciales? Usted puede crear una Sociedad de Responsabilidad Limitada (LLC), abrir una cuenta bancaria de negocios, y abrir una línea telefónica de negocios para iniciar su negocio.

Si multiplicas esos esfuerzos por dos años, tu negocio puede aportar entre 64.000 y 96.000 dólares adicionales para informar a tu prestamista hipotecario como ingresos del negocio. Si miras una calculadora de hipotecas y pones los números de tus ingresos anuales y de los ingresos de tu negocio puedes tener una idea de lo que puedes pagar. Esto incluye que tu puntuación de crédito esté por encima de 700 y que tu ratio de deuda sobre ingresos sea inferior al 43%. Esta es la receta del éxito para asegurar una casa para tu futuro. Espero que sepas lo importante que es tu futuro. A menudo me acuerdo de las personas a las que ayudé con la compra de sus nuevas casas el año pasado y su lucha por la propiedad de la vivienda. Una pareja con la que trabajé hizo que se me saltaran las lágrimas al pensar en cómo una nueva casa mejoró su relación y su estilo de vida con ellos como familia.

Antes de la compra de su casa, vivían en una zona en la que siempre había disparos y tiroteos. Alquilaban y pagaban cada mes el aparcamiento de sus dos coches. Lo que me hizo sentirme muy orgulloso de ellos fue cuando enseñaron a su hijo a montar en bicicleta por primera vez. La razón por la que aún no sabía montar en bicicleta es que tenían miedo de salir a la calle en su barrio. Así que el niño nunca tuvo la oportunidad de jugar fuera. Una vez que se mudaron a un nuevo vecindario, sus hijos pudieron estar mucho más al aire libre y de forma segura. Otra reflexión sobre esta pareja es que nunca pensaron que podrían alcanzar el "sueño americano" de ser propietarios de una vivienda porque no creían que estuvieran cualificados o tuvieran suficientes ingresos para ser propietarios.

Ambos trabajaban y tenían el mismo empleo desde hacía muchos años. Lo que me molestó durante este viaje hacia la propiedad de una vivienda es que no se veían a sí mismos como propietarios de una casa. Cooperaron durante todo el proceso, pero no tenían esperanzas en el proceso de aprobación. Durante el proceso de suscripción, ambos estaban en vilo esperando que el martillo cayera y les dijera que el préstamo había sido rechazado. Recuerdo la mañana del cierre, incluso después de haber sido aprobados. Esta hermosa familia estaba nerviosa. Eran escépticos acerca de la aprobación de todo el camino hasta el final de la firma de los papeles del préstamo.

Esperaban que en cualquier momento alguien les interrumpiera en la firma de los documentos para decirles que había habido un error y que les habían denegado el préstamo. Una vez firmados los papeles y entregadas las llaves, se sintieron demasiado aturdidos como para emocionarse. Como es de suponer, supusieron que alguien se reuniría con ellos fuera y les diría que volvieran a entrar para devolver las llaves de su nueva casa. Esta experiencia es demasiado familiar para los nuevos propietarios. Esta es una sensación que sienten muchos nuevos propietarios cuando realmente se están convirtiendo en dueños de casa. Una de las cosas que realmente ayudó a esta pareja a superar este proceso fue el apoyo de tener a alguien de confianza con ellos durante todo el proceso.

Se trata de cogerles de la mano y animarles a dar pasos de bebé hacia mí, como hace un niño pequeño cuando camina hacia mamá por primera vez. Los pasos son temblorosos pero pogresivos y lo siguiente que sabes es que el bebé está corriendo y saltando hacia mamá y papá. Así ocurre con la propiedad de la vivienda mientras trabajamos para crear un entorno que normalice la propiedad de la vivienda en las comunidades negras y marrones. Estas comunidades de minorías necesitan apoyo, seguridad, orientación, comentarios y que se escuchen sus preocupaciones. Al igual que escuchamos sus sueños, también tenemos que estar disponibles para escuchar sus miedos. Contar con el apoyo social de amigos y familiares es algo que puede ser importante para los nuevos compradores de vivienda.

No me refiero sólo a alguien que pueda regalarte 1.000 dólares por tu casa, sino a alguien que te celebre y apoye para que consigas tu casa y tú hagas lo mismo por él. El año pasado, durante la pandemia, hablé en un panel que discutía el aprendizaje social emocional. El aprendizaje socioemocional (SEL) es algo que se supone que se aprende a una edad temprana. De hecho, según Google, el aprendizaje socioemocional es una metodología que ayuda a los estudiantes de todas las edades a comprender mejor sus emociones, a sentirlas plenamente y a demostrar empatía por los demás. Son cosas que se deben aprender de niño y que deben avanzar a medida que uno se convierte en adulto. Para profundizar en el SEL sabemos que es un proceso a través del cual los niños y los adultos adquieren y aplican eficazmente los conocimientos, las actitudes y las habilidades necesarias para comprender y gestionar las emociones. Estas emociones establecidas deben navegar hacia objetivos positivos para poder sentir y mostrar empatía por los demás con el fin de establecer y mantener relaciones positivas y tomar decisiones responsables.

Desgraciadamente, no todo el mundo madura en esta área, por lo que se convierten en adultos que no pueden captar plenamente la empatía y las economías de reparto. Así que con esto en mente, llevamos un falso sentido de carga para los demás que no hace evolucionar a ciertas personas hacia la plena "comprensión del pensamiento" de trabajar juntos por objetivos comunes. Un ejemplo de trabajo conjunto puede describirse mejor en circunstancias de creación de capital social. Para mí, el capital social se describe mejor como una red con valores similares que crea un vínculo interconectado con el fin de organizarse para enriquecerse y mejorarse mutuamente. El capital social, en relación con el aumento de la propiedad de la vivienda para las comunidades negras y marrones, debería ser así. La creación de una comunidad de información que trabaje para crear un programa que involucre a las comunidades negras y marrones para introducirlas en los procesos de riqueza de activos.

El motor de este proceso comenzaría con una herramienta basada en datos que recogería información y la analizaría para crear una programación específica para las necesidades de esta comunidad en relación con la propiedad de la vivienda. Tenemos que ser proactivos en cuanto al problema para poder ser reactivos en cuanto a las soluciones. No basta con promover programas de "compra de la manzana". Tenemos que ser introductores de la idea de que se les está quitando el bloque porque no son conscientes de todos los beneficios de la propiedad y de cómo se relaciona con la riqueza de los activos. Riqueza es una palabra que asusta a algunas comunidades negras y marrones. La palabra para ellos puede sentirse excluyente y fuera de su realidad. Tenemos que mejorar nuestras relaciones con estas comunidades minoritarias para que sepan sin ninguna duda que el capital social debe incluirlas y las incluirá. Ahora bien, cuando hablamos de capital social nos basamos en la exposición del tema de que las personas necesitan el apoyo social de la familia y los amigos. Pero si no tienen acceso a familias y amigos que les apoyen, entonces la comunidad de capital social sirve para ser eso mismo para ellos. Esta comunidad de capital social se convierte en las manos que tienden al niño que camina hacia ellos en el camino de la propiedad de la vivienda.

Vayamos un paso más allá en lo que se refiere a la financiación de esta comunidad de propietarios de capital social. Hablemos de comunidades que establecen un modelo que toma prestado el modelo de negocio del Banco Grameen. El Banco Grameen es una organización de microfinanciación y un banco de desarrollo comunitario fundado en Bangladesh. Concede pequeños préstamos a los empobrecidos sin exigir garantías. La única diferencia es que no sería un préstamo, sino un regalo.

Por ejemplo, si 50 personas trabajaran juntas para comprar una casa y cada una de ellas se diera una cantidad de fondos para el pago inicial de la otra, esto sería un ejemplo de apoyo para aumentar la propiedad de la vivienda para las comunidades negras y marrones. Puede que esta no sea la respuesta total, pero es sólo una sugerencia y un punto de discusión de lo que podemos hacer como comunidad para aumentar la propiedad y acortar las diferencias de riqueza en este país.

Capítulo 4:

Jack y Jill subieron la colina

"Si su empresa, agencia u organización trabaja con personas procedentes de la pobreza, sólo una comprensión más profunda de sus retos y puntos fuertes le ayudará a asociarse con ellos para crear oportunidades de éxito".

- Ruby Payne

En el mundo de la empresa, el motor de la publicidad es la investigación de mercado. Es la información que el investigador utiliza para crear productos y servicios que usted compra. Tendemos a comprar cosas con las que nos sentimos identificados. Si tus padres siempre compraban coches y ropa nuevos, entonces creces y experimentas estas cosas como parte de tu sistema de valores, y de tu herencia. Sin embargo, en circunstancias de pobreza generacional, las personas que crecen en una familia en la que había una limitación de transporte, ropa e incluso vivienda tenderán a valorar las cosas con las que pueden relacionarse. Estas cosas de valor pueden incluir las relaciones, la comida, el acceso a las posesiones y el hecho de valerse por sí mismos.

Según el estudio de Ruby Payne, en las familias con pobreza generacional se valora a las personas como posesiones, por lo que la relación con los demás adquiere un gran valor, sin importar lo tóxica que sea esa relación. Este es sólo un pequeño ejemplo de cómo las personas que viven de generaciones de pobreza han transmitido mentalidades de pobreza que son el objetivo de los capitalistas que buscan beneficiarse de este tipo de pensamiento. El marketing se dirige a estos consumidores que provienen de la pobreza generacional. Estos consumidores son provocados por la publicidad y el marketing que sugiere que te mereces el producto o los servicios que te ofrecen.

Por ejemplo, y no diré el nombre de esta empresa automovilística. Si se ven los anuncios de televisión, se puede ver cómo estas empresas de automóviles de gama alta han creado anuncios utilizando celebridades afroamericanas para atraer al consumidor minoritario a comprar este coche o SUV. El consumidor negro o marrón puede relacionarse con esa celebridad porque la ha visto en la televisión una y otra vez. Esta persona se relaciona con el producto o el servicio, independientemente de que se lo pueda permitir o no. La cuestión no es si puedes permitirte el coche o el todoterreno, sino si te ves conduciendo el todoterreno; no importa si tienes una buena puntuación de crédito o no. Cuando se trata de ser propietario de una vivienda, no solemos ver la relación con la propiedad y por qué es importante. Una cosa sobre las relaciones es que es sólo eso. Si se desglosan las palabras, como diría mi amiga Tiffany, se puede desglosar el significado que hay detrás de cada palabra que se dice.

Por ejemplo, no tienes una relación si tú y otra persona no podéis relacionaros. Además, enviar es avanzar, así que si no podemos relacionarnos seguramente no podremos enviar ni avanzar. Por lo tanto, cómo se puede avanzar en la compra del producto o servicio si no hay relación, ni capacidad de relacionarse, ni capacidad de avanzar. Para vender a un cliente hay que asegurarse de que puede relacionarse, por lo que hay que construir una relación con él. Al construir una relación con el cliente, ¿de quién podemos depender para asegurarnos de que el cliente entiende la transacción? Me refiero a la comprensión para identificar efectivamente si la transacción establecida entre el cliente y el cliente es mutuamente beneficiosa.

El cliente necesita una casa y, si usted es el vendedor, necesita la venta. ¿Le importará al vendedor que el crédito del consumidor sea malo y que la transacción le cueste al comprador una cantidad increíble de intereses para adquirirla? No. Ni siquiera se lo preguntará. Sólo quieren saber si usted reúne los requisitos para la compra y, si no, pasan al siguiente comprador. Usted es el que necesita saber y entender hasta qué punto, de lo que quiere, le está costando. Así que cuando hablamos del sistema de valores de una persona que viene de la pobreza generacional esa persona no valora las puntuaciones de crédito y la asequibilidad. Esta persona valora que la persona que le vendió la casa era agradable y que realmente quería que tuvieras esa casa. Fue la personalidad y la relación del vendedor lo que vendió la casa. Así que ser tratado bien por el vendedor sirvió como valor de la transacción porque la relación se estableció para el trato.

Este valor de relación se convirtió en algo más importante que el hecho de que el consumidor apenas cumpliera los requisitos para comprarlo. Usted puede hablar con cualquier persona que esté en la industria de la venta de propiedades al por mayor y le dirá que un alto porcentaje de sus ingresos transaccionales se derivó porque fueron capaces de construir una relación con el comprador. Esa transacción se hace completa porque fueron capaces de vender ese contrato con el vendedor original a un comprador inversor. Como vendedor, le conviene establecer una relación con el comprador y ser extremadamente amable. Así que adivina qué, se supone que el vendedor debe ser amable y que tú debes saber, antes de entrar en la transacción, si te lo puedes permitir. Es tu responsabilidad como consumidor saber cómo hacer compras responsables.

Así que, si Ruby Payne tiene razón, todos estamos en problemas. Estamos en problemas como raza humana porque hay mucho trabajo por hacer. ¿Quién va a hacer el trabajo de entender la mentalidad de la pobreza para comprender mejor nuestra relación con el dinero? Si no lo hacen ellos, tendremos que hacerlo nosotros mismos. Autoevaluemos nuestra relación con el dinero y nuestros gastos para no tener que vivir continuamente en un lugar de, espero poder calificar para una casa o un coche. Quiero que estés en posición de experimentar que el dinero sí crece en los árboles. Sólo tienes que saber qué plantar en "suelo financiero fértil" para que puedas hacer crecer tu dinero en tu cuenta bancaria al igual que crece el dinero en nuestros árboles.

Para asegurarse de que está sembrando en "suelo financiero fértil", a menudo necesitamos escuchar escenarios y casos de la vida real para que pueda escucharlos, relacionarlos y crecer. Para el propósito de esta discusión, voy a describir circunstancias reales, identificar el problema y presentar las soluciones. Los personajes de estas discusiones se llamarán Jack y Jill. Exploraremos lo que es para Jack y Jill subir la colina.

Jack tiene entre 50 y 50 años, es un obrero y no tiene hijos. Bueno, al menos no tiene hijos de los que sea responsable económicamente. Sus ingresos anuales son de 70.000 dólares y lleva más de nueve años trabajando para el distrito escolar en el sector del transporte. Jack posee dos automóviles Mercedes Benz y su puntuación de crédito es de 600. Además, Jack no ha presentado declaraciones de impuestos en los últimos cuatro años. Jack nunca ha tenido una casa y sigue pagando un apartamento de tres habitaciones por 1.400 dólares al mes. Ahora Jack ha pensado en adquirir una casa, pero no ha pensado cuándo y dónde le gustaría comprarla. Pues bien, cuando se indaga en los antecedentes de Jack se descubre que la madre y el padre de Jack nunca han sido propietarios de una casa.

La madre de Jack tiene casi 70 años y siempre ha sido inquilina. El padre de Jack tiene una historia similar a la de su madre. La abuela o el abuelo de Jack tampoco han sido nunca propietarios. Según los estándares nacionales, la madre de Jack no era necesariamente lo que se considera vivir en la pobreza generacional. Tuvo un buen trabajo a lo largo de los años, pero nunca se esforzó por comprar una casa. Jack no es lo que se considera alguien que vive en la pobreza. Gana mucho más que el umbral de ingresos de la pobreza y de los ingresos bajos en los EE.UU. Sin embargo, hay casos en los que la pobreza situacional puede crear una baja inteligencia emocional financiera. Si no podemos aumentar la inteligencia emocional financiera de Jack, va a ser un desafío para que comprenda el impulso y el propósito de comprar una casa.

Si hablas con Jack, no parece muy preocupado por tener un mejor estilo de vida. En su día a día trabaja de 5 a 6 días a la semana y a menudo hace horas extras. Se levanta a las 5:30 de la mañana para llegar al trabajo a las 7:30. Trabaja hasta las 4 de la tarde y llega a casa y se prepara la cena. Puede hacer algunos recados ese día, pero pronto llega a casa y juega unas horas a los videojuegos y se prepara para volver a empezar el día. En sus días libres, puede ir de compras y comprarse ropa cara de marca y otros artículos de alto precio. Tiene automóviles de lujo de los que presume con sus amigos delante de su apartamento. Es el tipo al que hay que admirar con estos coches, ropa y juguetes tecnológicos. Seamos realistas, todos conocemos a los Jacks en nuestras vidas. Son familias, son nuestros amigos. Y seamos realistas, puede que estemos casados con uno de ellos.

Lo que quiero decir es que si Jack se siente cómodo, va a pasar el resto de su vida gastando su dinero de la manera que quiera, a menos que Jack se presente y acepte algo diferente. Me pregunto si Jack puede imaginarse a sí mismo con una casa que está casi pagada porque tiene varias propiedades de alquiler que posee. Me pregunto hasta qué punto podríamos hacer que

Jack se imaginara que podría jubilarse en breve y sin deudas. Estos son los problemas que Jack tendría que resolver para poder estar en condiciones de tener una casa propia, vivir sin deudas y jubilarse pronto. Lo primero que tenemos que hacer es aumentar la inteligencia emocional de Jack. Para ayudar a Jack a aumentar su IE necesita dedicar una hora al día a la lectura. Leer y escuchar audiolibros es una de las mejores maneras de mejorar su mentalidad personal y profesional.

Jack también podría escuchar diferentes podcasts para tener la oportunidad de relacionarse con lo que es vivir un estilo de vida diferente que él está en control de crear. La mejor manera de crear un estilo de vida es leer revistas y ver cosas que te animen y motiven a vivir mejor y a encontrar una perspectiva más elevada de la vida y del estilo de vida que quieres. Tal vez no viajes al extranjero, a Bora Bora, ni duermas al aire libre en un camping de Wyoming, pero te debes a ti mismo ver que quieres conseguir más. ¿Con qué frecuencia ves que la gente utiliza su último dinero sin ahorros para hacer un crucero o irse de vacaciones exóticas? Ocurre más a menudo de lo que te imaginas porque la mayoría de la gente no te va a decir que ha reunido su último céntimo para irse de vacaciones. Lo que verás en las redes sociales son bonitas fotos y poses delante de lujosas habitaciones de hotel y coches de lujo y exóticas escenas de playa exclusivas.

No verás las veces que llamarán a su balsa de vida financiera para que les preste dinero o les pida un favor a crédito. No publicarán en las redes sociales las tristes historias de que están a punto de ser desahuciados y no saben qué van a hacer. Vale, a quién estoy engañando, sí, a veces todavía publican sus asuntos personales de sus necesidades. Parece que no se acuerdan de las fotos que se hicieron hace menos de un mes y que les mostraban viviendo la vida en una moto de agua alquilada, tomando una margarita mirando la costa de Costa Rica. La baja inteligencia emocional financiera de algunos consumidores es la forma en que el marketing continúa con sus ganancias de capital. Se aprovechan de este tipo de consumidores que no quieren centrarse en la responsabilidad de la gestión del dinero. ¿Qué hay de divertido en la gestión del dinero? Algunas personas como Jack quieren realmente disfrutar de su vida así y realmente podrían permitirse hacerlo de vez en cuando mientras ganan 70.000 dólares al año. Pero Jack no, él gasta su dinero en otra parte pero no sabe muy bien dónde. Así que ayudar a Jack es ayudarle a aumentar su inteligencia emocional para que pueda aprender a autoevaluarse y priorizar sus valores.

Lo siguiente que tenemos que hacer para ayudar a Jack es obtener una imagen de sus finanzas en relación con los ingresos que entran y los que salen. Hay muchas herramientas muy buenas que Jack puede utilizar para hacer un seguimiento de sus ingresos y gastos. Estas mismas herramientas controlarán su puntuación de crédito y le darán sugerencias sobre cómo mejorar su crédito. A Jack no le faltan herramientas y recursos, sólo le falta la estructura emocional para buscar opciones alternativas para un mejor estilo de vida a través de la propiedad de la vivienda. La posibilidad de que Jack sea propietario significa que es el primero de toda su generación en poseer una casa. Esto coloca a Jack en posición de aumentar su patrimonio y equilibrar su vida para mejor. Con una puntuación de crédito baja como 600

Jack está perdiendo mucho dinero mensualmente por los altos intereses de las tarjetas de crédito. Bueno, no sólo en las tarjetas de crédito, sino en los dos automóviles de gama alta con altas tasas de interés. Por cierto, esos dos vehículos de gama alta son modelos antiguos, por lo que gasta mucho dinero en reparaciones y seguros para ellos. Esto puede generar costes adicionales y, por no mencionar, que Jack sólo puede conducir un coche a la vez. No estoy criticando a Jack y sus deseos de tener dos coches de alta gama. Sólo le pido a Jack que considere trabajar en su crédito para mejorar su puntuación a más de 700, por lo que tal vez puede comprar dos nuevos modelos que puede aparcar en su nueva casa en lugar de un apartamento alquilado con aparcamiento público. No importa lo que Jack decida hacer, sólo quiero que Jack esté en la mejor situación financiera para que pueda tener un estilo de vida más agradable que el que tiene actualmente. No, no he terminado con Jack, aquí hay algunos problemas más que quiero identificar para él.

Estas son las cosas que necesita para poder optar a una nueva vivienda si es lo que decide hacer. Una cosa importante que Jack va a tener que hacer es presentar sus impuestos. La calificación de la nueva casa necesitará al menos dos años de declaraciones de impuestos presentadas. Si debe algún impuesto de años anteriores tiene que asegurarse de haberlo pagado. Algunos prestamistas considerarán la posibilidad de aprobarle un préstamo si existe un plan de pagos con el IRS. Jack no es el único en el mundo que lucha por mejorar su estilo de vida. Él sólo necesita hacer unos pocos ajustes en su vida para que pueda estar en el camino correcto a la propiedad de la vivienda y mucho más. Los ingresos de Jack no son el problema en esta situación, Jack necesita ser más disciplinado en sus gastos discrecionales. Jack también podría beneficiarse de hablar con un asesor financiero para que le ayude con estrategias para los planes de jubilación. Le recomiendo encarecidamente que inicie ese proceso cuanto antes. Con estrategias en marcha que utilicen conceptos de banca infinita o métodos de bola de nieve de deudas, podrá pagar sus deudas antes. La construcción de la riqueza de activos a través de la propiedad de la vivienda puede ayudarle a maximizar sus dólares para que pueda vivir una vida libre de deudas y un estilo de vida de desarrollo de la riqueza.

Ahora que tenemos a Jack listo para subir la colina, echemos un vistazo a Jill. Jill tiene poco más de 40 años y tres hijos de 7, 15 y 24 años. Jill trabaja como profesora y fotógrafa independiente con clientes de alto nivel. Jill es propietaria de un modesto todoterreno que paga 400 dólares al mes. Su puntuación de crédito es de 690 y tiene varias tarjetas de crédito con saldos elevados. Jill es una inquilina que paga 2.500 dólares al mes por una casa de 5 habitaciones que alquila a un amigo. Le gustan las minivacaciones a menudo y hace bastantes compras al mes por Internet. Gana 42.000 dólares al año como profesora y otros 21.000 como contratista 1099.

Jill creció en una casa propiedad de su madre hasta que la perdieron cuando ella tenía 19 años. Cuando perdieron la casa familiar, Jill ya estaba en la universidad y se dirigía a su carrera de arte y entretenimiento. La pobreza situacional se produjo cuando su madre perdió su empleo y no pudo mantener los pagos de la casa y ésta entró en ejecución hipotecaria. Esta fue una experiencia muy horrible en la familia en ese momento, y lo que hizo psicológicamente para Jill es hacer que no piense nunca en comprar una casa. Ella no quiere cometer el mismo error que su madre con la compra de una casa y perder los ingresos y potencialmente perder la casa. Así que a Jill le gustaría ir a lo seguro emocionalmente y no compartir la decepción al no atarse a la responsabilidad de poseer una casa. Nunca querría que sus hijos pasaran por las cicatrices psicológicas que ella tuvo al experimentar la pérdida de la casa familiar por parte de su madre.

Su padre no estaba presente, así que no había ningún "salvador financiero" con ingresos que pudieran mantener el hogar. Jill también es madre soltera, por lo que cree que reflejaría las circunstancias de su madre si perdiera los ingresos de la fotografía o incluso sus ingresos como profesora. La seguridad laboral es escasa, así que a Jill le gusta ir a lo seguro, como si pudiera manejar el desahucio de forma diferente a como lo haría con una ejecución hipotecaria. Lo cierto es que existen muchos recursos financieros para evitar una ejecución hipotecaria. Ahora sabemos que también hay muchos recursos en el lugar para los inquilinos que necesitan ayuda para el alquiler. Sin embargo, si usted no encuentra esos recursos en 30 días puede ser desalojado de inmediato frente a las ejecuciones hipotecarias en la mayoría de los casos tiene seis meses.

Hay cosas que puedes hacer como propietario de una vivienda para poder acogerte a los programas de ayuda hipotecaria. Creo que hay muchos inquilinos como Jill que no quieren ser dueños de una casa porque temen que se ejecute la hipoteca y pierdan sus casas debido a la pobreza situacional. Esto podría ser cierto, sin embargo, es importante saber que algunos estados tienen procesos judiciales, mientras que otros tienen procesos no judiciales para la ejecución hipotecaria y, dependiendo del estado, normalmente hay tiempo para evitar perder la casa para que pueda generar ingresos y permanecer en su casa. El problema es que Jill tiene miedo a lo desconocido. Una de las cosas que puede hacer Jill es investigar programas que puedan ayudarle a conservar su casa en caso de que se retrase en los pagos. Aunque todavía no es propietaria de una casa, es beneficioso abordar lo que le impide querer considerar la posibilidad de ser propietaria. Jill está pagando la hipoteca de su casero todos los meses, por lo que aumenta el patrimonio del casero.

El propietario ha utilizado algunas de las estrategias de autoayuda de las que hablamos con Jack y se ha creado unos ingresos extra. Jill tiene que hacer pagos puntuales al casero o éste la desalojará de inmediato. El casero no es una persona cruel, es sólo que la hipoteca de esa casa vence cada mes y cuando Jill paga el alquiler, el casero paga la hipoteca y luego deposita unos 1.000 dólares en su cuenta de ahorros cada mes. El casero sabe que con ese dinero asustado no gana nada. Sin embargo, nos gustaría que en este escenario Jill entendiera que el dinero asustado paga más gastos de los que debería. El miedo de Jill a la pobreza situacional ha disminuido su inteligencia emocional financiera.

Jill necesita comprometerse con más madres solteras que hayan comprado casas. Necesita aumentar su relación con otras personas que han estado y están en su situación para poder apoyarse mutuamente. A Jill le encanta conocer gente nueva y aprender cosas nuevas. Una de las cosas de las que se podría beneficiar es de un taller en el que se hable de cómo se pueden utilizar tanto los ingresos w2 como los 1099 como propietaria de un negocio para poder optar a una casa que costaría menos de lo que ella está pagando ahora. Jill necesita imaginar cómo sería si pudiera pagar 1.500 dólares al mes por el mismo espacio que está alquilando ahora.

Jill, al igual que Jack, podría beneficiarse del uso de una herramienta que hiciera un seguimiento de los ingresos y gastos mensuales, además de controlar sus perfiles crediticios. Este producto también le daría sugerencias sobre lo que podría hacer para aumentar su puntuación de crédito a más de 700 para que pueda calificar para una nueva casa con una gran tasa de interés. Jill, al igual que Jack, puede subir la colina con esos niños y construir un legado de Activo de Riqueza que puede dejar a esos niños sin deudas. Por supuesto, tendría que frenar esa obsesión por el gasto extra en Internet y las minivacaciones excesivas. Entonces podrá disfrutar de una casa propia y tal vez un día comprar una segunda casa que pueda alquilar para obtener un ingreso extra cada mes; entonces podría permitirse tener más vacaciones y hacer más compras en línea dentro de lo razonable.

Jack y Jill no son malas personas. Sólo tienen malos hábitos que provienen de tener una baja inteligencia emocional financiera. Jack y Jill no son diferentes de los demás que conocemos en nuestras vidas. Nadie se está burlando de ellos ni está haciendo agujeros en sus deficiencias. El propósito de estos ejemplos es hacerles más conscientes de las situaciones que pueden ocurrir y que crearían barreras para alcanzar la propiedad de la vivienda. Sé que el dinero puede ser un tema muy emocional y que es muy difícil hacer las cosas que necesitas cuando no lo tienes. Aprender a ganar dinero es un tema difícil, sin embargo, entrenar tus emociones para aprender a conservarlo es otro. La buena noticia es que la gente no tiene que hacerlo sola. Hay montones de recursos de gestión financiera que se pueden utilizar para controlar los gastos y otras tantas lecciones sobre cómo invertirlos. Sólo recuerda que está bien pedir ayuda cuando se trata de gestionar tus finanzas personales.

"Una vez que encontremos los bordes de nuestros rompecabezas personales y los coloquemos en su sitio, será mucho más fácil unir el resto del rompecabezas para crear la imagen completa de la vida que queremos para nosotros".

- *Dr. Tori Brown*

CAPÍTULO 5:

CONSTRUIR UN ARCA CON LA PROPIEDAD DE LA VIVIENDA

Según el informe de investigación de Goldman Sachs, la forma más rápida de acelerar el cambio y empezar a abordar eficazmente la brecha de riqueza racial es escuchar e invertir en las mujeres negras. Como mujer negra que soy, estoy de acuerdo con esta conclusión de la investigación. Ser escuchada lo suficiente y ser considerada lo suficientemente valiosa como para invertir en ella es un "sueño americano". Cuando escucho esto me pasa desapercibido que a menudo me siento desviada por los muchos años que no hemos sido escuchadas en este país. No como americano y no como negro americano o ni siquiera como joven o anciano negro americano. Verás, hay muchas voces que deben ser representadas en lo que sería escuchado por nosotros. Pienso en la anciana negra americana que se vio en las noticias el otro día. Ella estaba en medio de una ejecución hipotecaria por falta de pago de la hipoteca.

Antes de la pandemia, trabajaba a tiempo parcial en Walmart y tenía más de 70 años. Estaba frágil y débil debido a su lucha contra la enfermedad, pero aún así estaba decidida a hablar con el periodista para contarle su historia. Se enfrenta a la ejecución hipotecaria de una casa que posee desde hace décadas. En realidad, tiene más capital en la casa que lo que se debe por ella. Sin saber cómo pagar los 18.000 dólares que le pedían para quedarse con la casa, le dijo a la periodista que todo lo que poseía estaba en esa casa detrás de ella. Su historia no es diferente a la de otras personas de su edad y, para ser sinceros, de su color. Esta situación, desgraciadamente, no es sólo una cuestión de negros o morenos, sino que es una cuestión de pobreza situacional. Como sabemos, la pobreza situacional no tiene ningún color. Sin embargo, esta anciana negra estaba perdiendo una batalla y haciendo su último esfuerzo para ser escuchada.

Recé para que alguien la escuchara y pudiera intervenir y ser una voz y un apoyo para ella durante este tiempo. Una cosa que pienso sobre esta situación es cómo podemos cerrar la brecha de riqueza entre blancos y negros si nuestros ancianos están perdiendo continuamente la propiedad que poseen. Mi respuesta a esto es que tenemos que crear una generación que pueda intervenir para que la abuela o el abuelo o los tíos mayores compren la propiedad por ellos. No podemos quedarnos sentados y esperar a que nadie salve a nuestras familias y comunidades, salvo nosotros mismos. Esto va a implicar la creación de una generación que se tome en serio la construcción y la preservación de una generación que ha estado allí para ellos.

Estos ancianos son los pilares de nuestras comunidades. Muchos han criado a sus nietos cuando los padres no estaban disponibles. Hay que introducir a los nietos en la propiedad a una edad temprana para que puedan tener una mentalidad de construcción de la comunidad frente a otra que pueda derribarla. Según el informe de Goldman Sachs, "imaginemos a las mujeres negras cerrando la brecha de riqueza del 90% a la que se enfrentan sus hogares en comparación con los blancos". Sólo puedo imaginar eso para las mujeres negras mayores. No sólo puedo imaginarlo para las mujeres negras, sino que puedo verlo si se hace teniendo en cuenta a las mujeres negras mayores. Puedo ver el empoderamiento de estas mujeres negras para que vuelvan a empoderar a las mujeres negras de edad avanzada para crear la autosuficiencia de las poblaciones afroamericanas que envejecen.

Construir un arca con la propiedad de la vivienda es el proyecto de Noé para prepararnos para las recesiones. No sé si te estás dando cuenta, pero el precio de los alimentos está subiendo justo al lado del coste de la gasolina y las facturas de energía. Cuanto más pagas por los artículos del hogar, más te das cuenta de que el dinero tiene que crecer en los árboles. El coste de la vida va a subir, así que tu capacidad de gastar en cosas innecesarias puede tener que disminuir. Si eres un inquilino es más que probable que estés apoyando el negocio de la empresa de alquiler de tu profesional local. Tu fila de alquileres mensuales se destina a su hipoteca y ellos están aumentando el patrimonio de su propiedad.

Lo más difícil de esto y lo que podría suceder puede ser aún más aterrador. Sucedió en 2008, cuando el mercado inmobiliario se hundió. Algunos propietarios no podían permitirse mantener la hipoteca de la propiedad, así que aunque el inquilino pagaba el alquiler cada mes, el propietario no siempre pagaba la hipoteca. En última instancia, esto significa que la nota de ejecución hipotecaria se coloca en las puertas y el propietario entonces puede obtener en el viento. Así que cuando los archivos caen en los sistemas judiciales y se ordena el desalojo, la familia honesta, trabajadora y que paga el alquiler está en la calle buscando un refugio para alquilar. Esto no es raro y definitivamente no es una vieja historia de terror para preocuparse. Sólo estoy compartiendo algo que probablemente podría ocurrirle a cualquier persona, blanca o negra. Digo esto para animar a que se exploren las oportunidades de comprar una vivienda que sea de tu propiedad y que mientras pagues no tengas que abandonar.

Sé que he oído a la gente decir que simplemente no quieren la responsabilidad de la propiedad. La responsabilidad de la propiedad no es diferente de la responsabilidad de crecer y asumir la responsabilidad de crear un estilo de vida más fuerte y un refugio seguro. Esto forma parte del proceso de construcción de un arca con la propiedad de la vivienda. El acto de ser propietario te permite tener algo a tu nombre de valor que puede crecer con los años. Según el Center of American Progress, "En 2020, millones de hogares, especialmente los afroamericanos y latinos, se enfrentaron al desempleo y a múltiples emergencias sanitarias más o menos de un día para otro. Sin embargo, muchos de estos mismos hogares tenían pocos o ningún ahorro de emergencia al que recurrir durante este tiempo." En la mayoría de los casos, estas poblaciones no podían reunir 400 dólares para una emergencia. Según su investigación, "por ejemplo, en 2020, el 46,7 por ciento de los hogares blancos desempleados no podían reunir

400 dólares en caso de emergencia, mientras que el 65,2 por ciento de los hogares negros desempleados carecían de acceso a 400 dólares en tales situaciones".

Una de las formas que habría sido útil para estas poblaciones es que tuvieran mejores historiales de crédito. Durante la pandemia, las cooperativas de crédito como Navy Federal ofrecían préstamos personales de hasta 5.000 dólares para ayudar a la gente a superar las emergencias durante la pandemia. Uno de los requisitos para este préstamo de emergencia era tener un crédito satisfactorio. Tener un historial crediticio satisfactorio puede ayudarle a prepararse mientras construye un arca financiera. Como se ha comentado anteriormente, hay muchas cosas que requieren un crédito satisfactorio. Esto incluye la compra de un coche, el seguro, los servicios públicos y el acceso a la compra de una vivienda. Tenemos que ser cautelosos y serios sobre lo que hacemos con nuestro crédito y nuestros gastos. Nunca tome su último dinero para ir en un viaje YOLO (Sólo se vive una vez), simplemente no es prudente, especialmente ahora, mientras que todavía estamos en la recuperación de una pandemia.

No basta con hablar de la brecha de la riqueza, sino que tenemos que ser coherentes y deliberados con nuestras intenciones para asegurarnos de que nos mantenemos en el camino de nuestros objetivos para aumentar nuestro estilo de vida. Tomarme un año entero sin trabajar me ayudó a controlar mi apetito por el gasto. Durante el último año y medio de la pandemia me he vestido con camisetas y pantalones cortos incluso en mis reuniones de zoom. Me he abstenido de usar productos químicos en el pelo de los salones de belleza y he mantenido mi propio cuidado del cabello. El año pasado me enseñé a mí mismo a hacer muchas cosas, como la pedicura y la manicura. Me he ausentado de las costosas cenas de marisco en la playa y el paseo marítimo de Tampa y lo he sustituido por recetas caseras que realmente he disfrutado preparando.

Ha sido genial conectar con gente a través de Zoom que de repente tenía tiempo para conversar sobre patentes, inventos, propiedades de inversión y criptodivisas. Aprendí a convertirme en bartender y mixólogo certificado mientras tomaba clases en Udemy para editar vídeo con Final Cut Pro. Por no hablar de ponerme al día con la lectura, ver episodios actualizados de la exitosa serie de televisión Billions y empaparme de documentales sociales en Netflix. Tener este tiempo para crecer durante la pandemia me permitió ahorrar dinero y conocer algunas formas interesantes de ganar dinero mientras permanecía en la comodidad de su hogar.

De todo lo que he completado durante este año de ausencia, me siento más orgulloso de haber elegido hacer lo que quería hacer mientras estaba "fuera de la red". Ayudé a 47 personas a convertirse en propietarios de viviendas y trabajé con mi junta directiva para preparar el lanzamiento de una organización sin ánimo de lucro que diseñaría una tecnología que recogería datos para la propiedad de viviendas y crearía una comunidad para los propietarios negros y marrones. Esta tecnología es una App y una herramienta para involucrar a nuestra comunidad de capital social. Queremos aumentar, a través de esta aplicación, un proceso que aumente el número de propietarios negros y marrones para reducir la brecha de riqueza.

Esta herramienta fomentaría el crédito satisfactorio, la gestión del dinero, la pronta responsabilidad fiscal, el desarrollo de activos, el poder de la propiedad y la conexión entre las personas y los profesionales que se eligen para ayudar a nuestra comunidad a convertirse en propietarios de viviendas. Para construir un arca con la propiedad de la vivienda se necesita una comunidad. Esa comunidad necesita ser consciente de que alguien la tiene en cuenta cuando se crean servicios y productos para ella. Esta aplicación es un recurso para tratar la mentalidad que conlleva la propiedad y la responsabilidad. Según el estudio de Ruby Payne, los sistemas tienen que tener en cuenta a la población que proviene del trasfondo sistémico de la pobreza generacional. No quiere decir que todas las personas de color la hayan experimentado, pero no podemos ser tan descuidados como para suponer que la mayoría de la población de las comunidades negras y marrones se ha enfrentado a la pobreza generacional, si no a la pobreza situacional.

Nuestro objetivo no es suponer que han experimentado o no la pobreza, sino hacer avanzar nuestro debate en torno a la idea de que los recursos para un grupo de personas no necesariamente pueden servir para otro grupo de personas. Esto es similar al dicho de "lo que es bueno para el ganso, es bueno para el ganso". ¿Quién va a defender al ganso? El ganso no debería estar sometido a algo sólo porque el ganso se puso en situación de estarlo. Diferentes poblaciones requieren diferentes modalidades de tratamiento. Lo sabemos tanto en el campo de la medicina como en el de la psicología. Cuando se construye un arca con la propiedad de una vivienda, se empieza con el primer bien. Luego puedes crecer hasta la compra de una propiedad de inversión. A partir de ahí, se toman los beneficios de la empresa de su propiedad de inversión y se construyen los activos de la empresa a través de un seguro de vida llamado pólizas de hombre clave. A medida que todo esto crece, puedes trabajar con un planificador financiero para colocar parte de tus beneficios en inversiones.

A medida que construye su cartera inmobiliaria, aumenta los beneficios de su empresa. Una de las cosas que puede hacer es invertir su dinero en zonas de oportunidad en su estado y comunidad. Se trata de fondos especiales de dinero que puede invertir en propiedades que se encuentran en lugares específicos llamados zonas de oportunidad. Estas zonas de oportunidad crean grandes beneficios de inversión que su empresa puede utilizar para hacer crecer el patrimonio. La mejor manera de hacer esto es construir un sistema de apoyo y el equipo de todos ustedes que está durante la misma cosa al mismo tiempo. Este acto de capital social es lo que llaman oportunidades para "comprar de nuevo el bloque", o cualquier otra cosa que usted puede organizar para compilar su fondo de dinero. Como he dicho antes, acumular activos no es fácil, pero tampoco es tan difícil. Al mismo tiempo que eres consciente de tu viaje hacia la construcción de la riqueza de activos, te das cuenta de que también puedes utilizar el concepto de ser consciente de la construcción del arca con la propiedad de la vivienda como un paso en la construcción de la estabilidad para ti y tu familia.

"Nunca pensé en la tecnología hasta que la tecnología pensó en mí. La Inteligencia Artificial (IA) me parece reflexiva, atractiva, útil y, sobre todo, atenta a la información correcta. Podemos aprender mucho de la IA. Deberíamos escuchar antes de elegir hablar".

- Dr. Tori Brown

Capítulo 6:

Soluciones Situacionales a la Pobreza Generacional (SGPS)

A veces todavía me sorprenden Alexa y mi Asistente de Google. Tampoco puedo olvidar la primera vez que conocí a Siri. Su suave voz era a la vez tranquilizadora y pasiva, como si se dirigiera a mi psique para decirme: "confía en mí para tu día". Confié en Siri tanto como en un barbero nuevo que iba a cortarme el pelo por primera vez. Supongo que Siri iba a tener que "mostrarme tanto como decirme". Con el paso del tiempo confié en mi IA para responder a preguntas básicas como "Google ¿qué hora es?". Luego pasó a "Google me lee un cuento para dormir". Luego, en una fuerte rotación de trabajo, gritaba: "¡Google pon un temporizador a las 4 de la tarde!". Eso era Google y luego llegó Alexa. Ella me dice cuando alguien está en la puerta. Me dice que Amazon envió mi paquete, e incluso me dice que es hora de encender la televisión con el programa favorito de mi madre. Alexa, Google Assistant y Siri tienen algo en común. Mientras los uso día tras día, todos ellos están recopilando datos sobre mí.

Está conociéndome para saber cómo ayudarme. Bueno ayudarme y venderme algo que pueda ayudarme. Eso no me importa en absoluto, no me molesta. No me molesta más que cuando un vendedor sale de la nada y me dice dónde están las rebajas e intenta que compre algo que no he indicado que necesito. Todo está vendido y la IA está en la acera de decirte que está en el asiento del conductor con la tecnología. Hay gente que no puede aceptar eso. Muchos pueden llamarlo una señal de que el gran hermano está observando, no sé tal vez lo es. Si es así, ¿podemos realmente hacer algo al respecto que no sea hablar de ello y discutir una y otra vez sobre lo que no nos gusta? No creo que la invasión de la privacidad sea algo que deba gustar a nadie, sin embargo, estamos en un lugar donde la tecnología está en todas partes. Durante la pandemia tuve la oportunidad de entrar en McDonalds para pedir en un quiosco. Fue muy extraño decirle a una máquina que quería patatas fritas frescas y que respondiera con la confirmación de que mi selección había sido recibida.

Hablar de IA teniendo en cuenta lo que quería como cliente. Imagina que creáramos sistemas que hicieran lo mismo por nosotros como futuros propietarios de viviendas. Esto sería genial, le dices al sistema tus problemas y en cuestión de meses tu problema se compila con otros futuros propietarios de viviendas con problemas similares y entonces lo siguiente que sabes es que tienes un correo electrónico con el problema resuelto. Eso sería genial y nos ayudaría a conseguir métodos centrados en la solución para minimizar las barreras para la propiedad de la vivienda en las comunidades negras y marrones. El Situational Generational Poverty Solutions

(SGPS) es una aplicación desarrollada para Fresh Community Development Inc con el fin de recopilar, analizar y crear soluciones de programación para aumentar la propiedad de la vivienda en las comunidades negras y marrones. Cabe preguntarse por la importancia de la recopilación de datos para estas poblaciones.

Hay dos formas de recopilar datos, la cuantitativa y la cualitativa. La cuantitativa se suele recoger en forma de encuestas con respuestas de opción múltiple, de modo que se puede sopesar el valor de la pregunta para que un conjunto de datos cuantitativos, al ser analizados, pueda identificar tendencias e información sobre los datos que se están recogiendo. Lo cualitativo se suele recoger en forma de historias auditivas e información verbal que puede ser analizada para obtener datos generalizados que indiquen una tendencia o una ocurrencia del inicio de los datos. Aprendí en mi primera clase de estadística en mi programa de doctorado que los datos cuentan la verdadera historia. Habla con la verdad cuando los datos medibles son razonables y fiables.

En los primeros años de funcionamiento de mi agencia sin ánimo de lucro, cuando gestionaba los datos de un programa nacional, aprendí que a los republicanos les encantan los datos cuantitativos y a los demócratas los cualitativos. Cuando me presentaba ante representantes estatales y funcionarios públicos, era importante conocer su partido político para saber qué tipo de datos debía presentarles. Me encantan los datos porque nos dicen la verdad cuando la mayoría de la gente se empeña en decirnos mentiras o información errónea. Pero hay que tener cuidado porque en las manos equivocadas los datos pueden ser manipulados. Es entonces cuando los datos se vuelven peligrosos cuando caen en las manos equivocadas porque la mano que los sostiene no quiere ser sorprendida equivocándose. Para el propósito del SGPS los datos recogidos se utilizarán para dar poder. Como terapeuta e investigador es mi profesión explorar los problemas con el propósito de crear una solución. En psicología se nos dio la oportunidad de aprender la modalidad de tratamiento centrada en la solución.

Siempre me ha gustado este método porque, como terapeuta, me permite profundizar rápidamente en el problema para poder dedicar el resto de las limitadas sesiones a centrarse en las soluciones. En los casos de terapia de lo que llamamos atención gestionada, se nos daría un cliente con problemas de abuso de sustancias y se nos pediría que lo pusiéramos bien en ocho sesiones. Esas ocho sesiones de 50 minutos de reuniones y se vuelven a enfrentar a la vida en la que se metieron para llegar a mí en primer lugar. Así que para la resolución de la terapia centrada era más eficiente. Con el poco tiempo disponible para tratarlos, tenía la primera sesión para involucrarlos, conocerlos, hacer que se sintieran lo suficientemente cómodos para decirme la verdad y llegar al fondo de la adicción. Con esta modalidad podía dedicar las siguientes seis sesiones a tratarlos y la última sesión a darles recursos para que no volvieran a venir a verme.

Mi mentor siempre me enseñó que el signo de un buen terapeuta es hacerlo tan bien con mis clientes que me quede sin trabajo al no ver a los mismos clientes dos veces en un año. Me esforcé mucho en hacerlo y cuando practicaba me iba muy bien con mis clientes. Aquí utilizo los mismos métodos con la tecnología. Escucho el problema, identifico una tendencia del problema, creo soluciones para el problema, implemento un programa para abordar el problema y me preparo para el siguiente problema. El principal problema que estamos experimentando con la propiedad de la vivienda en general es la falta de herramientas disponibles para conectar los datos con el problema y luego conectar el problema con la solución, todo en una aplicación. Seguro que cuando miro en Internet veo muchas empresas hipotecarias que utilizan costosos CRM y embudos de clics que te piden que introduzcas tu nombre y dirección de correo electrónico para las preaprobaciones de vivienda.

Se trata de un intento de poner en contacto al comprador potencial con los recursos para hablar con un prestamista sobre el proceso de compra de una vivienda. En muchos casos es un sistema útil. Sin embargo, cuando se trata de potenciales compradores de vivienda negros y marrones, puede ser un proceso abrumador. Este proceso también puede ser un elemento disuasorio para ignorar futuros correos electrónicos enviados en relación con el avance del proceso. La necesidad de servicios especializados que integren la recogida de información para, a su vez, proporcionar información, atraerá a esta población. Todos podemos utilizar herramientas visuales y el apoyo de la comunidad a través de una aplicación como el SGPS. SGPS aborda tanto la pobreza situacional como la generacional con el objetivo de crear una solución para cerrar la brecha mediante la creación de información basada en las necesidades específicas de las comunidades negra y marrón.

La tecnología está en manos de todos a través de los teléfonos móviles. El sistema de mensajería de texto se ha utilizado ampliamente en todo el mundo y ha avanzado desde la comunicación con personajes hasta los emojis y los vídeos, pasando por la confirmación de las compras de ventas en línea. Estos son los mismos sistemas que deberíamos utilizar en las viviendas para comunicarnos con nuestras queridas poblaciones de usuarios de móviles negros y marrones. SGPS se encuentra actualmente en su fase de desarrollo alfa y entrará en fase beta antes de finales de 2021. La prueba beta de esta aplicación es la forma de mejorar nuestra capacidad de integrar con éxito la tecnología en el proceso de compra de viviendas. Creemos en la importancia de crear herramientas que conecten directamente los datos recogidos con el contenido informativo entregado al potencial comprador de vivienda con el único propósito de conectar al comprador con el agente adecuado para atender sus necesidades.

Los agentes se beneficiarán de esta herramienta porque el SGPS habrá realizado el aspecto de trabajador social de desarrollo de la vivienda psicosocial para involucrar a los clientes en el proceso de compra de la vivienda. Esta es la parte más difícil del proceso. Abordar los miedos y la incertidumbre de la necesidad de obtener una vivienda en propiedad. ¿Cómo podemos comprar algo en lo que no tenemos un punto de referencia para tener la necesidad de ello? Puede que no veamos la correlación directa de por qué lo necesitamos.

¿Todos necesitamos una vivienda? Yo creo que sí. ¿Todos necesitamos ser propietarios de una vivienda? Creo que sí, pero lo que yo creo no es importante sobre lo que las comunidades negras y marrones creen que necesitan. Lo que necesitan supera con creces lo que nosotros creemos que necesitan. Tenemos que ser responsables de hacer las preguntas sobre lo que ellos creen que necesitan. ¿Cómo podemos crear un programa para algo que no entendemos?

Me acuerdo de mi trabajo como joven director general de una organización sin ánimo de lucro a principios de 2005. Recuerdo que nuestra organización fue seleccionada para presentar varias propuestas de subvención para trabajar con poblaciones desatendidas. Cuando me preguntaron cuál era el secreto para desarrollar la programación y redactar la subvención premiada, mi respuesta fue sencilla. Siempre escucho a la población a la que va dirigida mi subvención. ¿Cómo pude escuchar? Siempre estaba cerca de la población a la que servía y me relacionaba con ella continuamente para escucharla y entender sus necesidades. Siempre estaba escuchando y recogiendo datos de ellos y analizando las tendencias que me hablaban en un contexto claro.

Los programas desarrollados no se escribieron desde un lugar en el que yo creaba porque sentía que lo necesitaban. Se escribieron porque escuché directamente a través de la recogida de datos lo que querían y necesitaban. El SGPS está tan atento como AI a las comunidades negras y marrones. El SGPS escucha a los agentes inmobiliarios y a los prestamistas hipotecarios. Llevo años escuchando a mi hermana hablar de cómo, como agente inmobiliaria, la gente se dirigía a ella para que les vendiera una casa. Ella los llevaría de casa en casa sólo para descubrir que ni siquiera fueron pre-aprobados para una casa y no sabía lo que necesitaban para ser pre-aprobado. Entonces les ponía en contacto con el prestamista hipotecario de referencia y ese prestamista, abrumado a veces, pedía al potencial comprador de vivienda elementos que ni siquiera tenía. En ese momento la persona estaba abrumada y se sentía rechazada y no estaba preparada para el proceso.

Esto, a su vez, podría desanimar al comprador para que no revise las futuras opciones de compra de vivienda. Y para ser totalmente honesto, el agente inmobiliario estaba demasiado abrumado como para seguir con ese comprador por miedo a que fuera una pérdida de tiempo y a que, literalmente, otra persona que busca comprar una casa venga justo detrás de él. Esa persona puede estar más preparada que la anterior, por lo que se convierte en la persona en la que se centra la energía del agente. En cuanto al comprador potencial, está apilando consultas en su informe de crédito para buscar la preaprobación de la vivienda. Es tan fácil para nuestros compradores de vivienda negro y marrón a perderse entre las grietas por lo que SGPS es necesario.

El SGPS tiene sus ventajas porque los datos nos dirán lo que necesitan y el contenido les dirá lo que necesitan para prepararse para el proceso de compra de una vivienda. Una vez que participen en la comunidad de capital social presentada en el SGPS, podrán identificar su interés por la propiedad de la vivienda y recibir el proceso para obtenerla. Ser propietario de una vivienda es una inversión en uno mismo porque da la oportunidad de poseer algo que beneficiará a su familia en las generaciones venideras. La pobreza existe, pero no tiene por qué seguir prevaleciendo en nuestras comunidades negras y marrones. Podemos utilizar la tecnología de manera que nos ayude a hacer nuestra parte en nuestras comunidades, un conjunto de datos a la vez.

Para más información sobre la SGPS, visite el sitio web www.freshcommunitydevelopment.org o envíe un mensaje de texto con la palabra "SGPS" al 1.888.697.0965.

Epílogo: Todos mis colores favoritos

"Si hubiera diez niños blancos hambrientos y diez niños negros hambrientos, yo pensaría en cómo alimentar a veinte niños hambrientos"

- Doc

Me gradué en la Eastern Michigan University con una licenciatura en Psicología y Estudios Afroamericanos. La razón por la que terminé graduándome con una doble licenciatura es porque después de tomar mi primer curso con el profesor de Estudios Afroamericanos y Derecho, el Dr. Ronald Woods, mi entusiasmo por aprender sobre mi cultura simplemente no podía parar. Se convirtió en una adicción seguir tomando estas clases que no existían en mi educación K-12. Estaba hambriento e inquisitivo tomando clase tras clase tras clase tratando de encontrarme a mí mismo en mi negritud. Al crecer en Saginaw, Michigan, mis experiencias educativas fueron bastante redondas cuando se trataba de asistir a diversos estudiantes de diferentes orígenes culturales.

En la escuela secundaria asistí a una escuela para "superdotados" llamada The Center for The Arts and Sciences (CAS). Caminar por los pasillos de esa escuela era como sacar una página del exitoso programa de televisión Fama. Jóvenes bailando en los pasillos, artistas creando cuadros al óleo por todas partes, y en matemáticas y ciencias, la clase a la que me invitaron, llevábamos batas blancas de laboratorio. Pensaba que los días en los que caminaba por esos pasillos no terminarían nunca. Sabía que el año escolar sería eterno. Ese año le pregunté a mi madre si podía volver a asistir a la escuela secundaria a tiempo completo y dejar el CAS; rápidamente rechazó mi petición.

Ella pensaba que era bueno que me integrara con otros jóvenes de mi edad y mayores de diferentes orígenes y estatus socioeconómicos. ¿De dónde demonios ha sacado esas palabras "orígenes", "socioeconómicos" y "estatus"? En casa no hablábamos así! Resultó que esas fueron las palabras que el subdirector del CAS le transmitió, para animarme, a sacar lo mejor de mis experiencias en esta escuela. Era un alumnado predominantemente blanco y de clase media-alta. Después de una dura persuasión, mi madre finalmente me dejó cambiar a otra clase que ofrecían, Artes del Lenguaje y Escritura Creativa. Aquí conocí a Shakespeare, a Edger Allen Poe y a otros escritores estadounidenses famosos que no se parecían a mí.

Me costó mucho estar en esta clase, no porque no pudiera seguir el ritmo de la carga de trabajo, es porque no quería seguir el ritmo de la carga de trabajo. Quería escribir lo que quería escribir y de la manera que quería hacerlo. A menudo presentaba para el trabajo de clase, raps que escribía que describían mi barrio pero en forma de lo que yo sentía como poesía y mi interpretación personal de una prosa. ¿Qué es una prosa? Una prosa es un lenguaje ordinario que sigue convenciones gramaticales regulares y no contiene una estructura métrica formal. Esta definición de prosa es un ejemplo de escritura en prosa, al igual que la mayoría de las conversaciones humanas, los libros de texto, las conferencias, las novelas, los cuentos, los artículos periodísticos y los ensayos. Estoy seguro de que vuelvo locos a mi editor y a mi redactor porque sigo escribiendo mis libros y todo lo que compongo como una interpretación personal de la prosa. En mi programa de doctorado, estoy seguro de que mi asesor, el Dr. Ellington, se sintió igual de frustrado por mi rebeldía a la hora de escribir en estilo APA. Acepté todas las críticas y comentarios durante mi disertación, pero seguí escribiéndola como yo quería.

Incluso cuando inicié mi primera organización sin ánimo de lucro escribiendo cientos de propuestas de subvenciones y contratos, escribir se convirtió en algo en lo que me sentía cómoda porque me permite comunicar e iluminar. Así que al crecer en un sistema educativo de población mixta se convirtió en algo natural para mí mezclarme y conocer diferentes razas, culturas y clases. Me encantó lo que aprendí de mis experiencias K-12 porque me ayudó a convertirme en quien soy hoy. Sin embargo, tomar tantas clases de Estudios Afroamericanos para poder hacer una doble especialización fue la guinda del pastel. La psicología junto con los estudios afroamericanos me permitieron explorar varios temas y estudios de investigación sobre comunidades y culturas. Tenía muchas ganas de entender cómo la parte negra de la ciudad podía tener tantas licorerías y la parte blanca no.

Me intrigaba el hecho de que la única vez que teníamos visitantes blancos en nuestra iglesia era cuando era época de elecciones. Al mismo tiempo, quería entender el hermoso idioma que hablaban mis vecinos. Eran una familia dulce y cariñosa que hablaba español y siempre tenían las mejores fiestas, música y comida. Tenía muchas ganas de entender por qué la pandilla Brandy estaba siempre tan feliz en la televisión. Tenían mucha gente en su casa al igual que yo, que crecí en un entorno de ocho hogares con un solo baño. Mi hermana no se parecía en nada a Marsha y mi hermano a Greg. Quería saber más sobre cómo Mike Brady era un arquitecto y cómo se convirtió en uno. Eso me intrigaba porque yo también quería diseñar casas. Sabía que cuando diseñara casas, seguro que tendría más de un baño. De hecho, me dije que "diseñaría casas para que todos los que quisieran vivir como la tribu de los Brady pudieran hacerlo", pero a un precio asequible.

Me molestaba cuando iba a las casas de otras personas y esas casas ni siquiera se parecían a la que yo crecí. No me molestaba porque los juzgara, me molestaba porque quería que vivieran mejor. Quería que estuvieran en una casa bonita y limpia como en la que yo crecí, sin cucarachas, con un retrete que funcionara, con agua corriente, con un patio trasero para jugar y con un buen transporte para desplazarse por la ciudad. Mis padres nunca tuvieron que pedirle a otros que los llevaran o pedirles dinero prestado. Mis padres eran siempre los que prestaban. La gente con la que crecí solía pensar que éramos ricos. No creo que lo fuéramos, quiero decir que comíamos a diario y que teníamos la bendición de tener a papá y mamá, pero para ser honesta creo que el factor más importante es que mis padres siempre tuvieron un gran crédito.

Siempre tenían tarjetas de crédito, dinero en efectivo y Cadillacs. Comprendí muy pronto que si quería seguir teniendo un estilo de vida de los 3 grandes (tarjetas de crédito, efectivo y Cadillacs) tenía que ir a la universidad, comprar una casa y ganarme la vida usando mi mente. Mi padre solía decirme todo el tiempo mientras crecía que tenía que encontrar un trabajo sentado en mi trasero. Esto se debe en parte a que siempre encontraba formas efectivas de completar mis tareas domésticas, como lavar los platos sentada en una silla frente al fregadero de la cocina o cocinar. Él pensaba que eso era muy perezoso y a menudo lo desaconsejaba con fuertes "palabrotas" y despotricando. No te preocupes, de todos los signos del zodiaco yo era el único signo de tierra en la casa, todos los demás son signos de fuego. Así que eso significa que alguien siempre estaba despotricando, molestando y a punto de soltar una "maldición".

Supongo que juega a mi favor porque crecí con ese tipo de comportamiento a mi alrededor. A día de hoy, y especialmente en las relaciones, tiendo a bloquear a las personas que hacen eso. Franky, no me importa quién se enfade porque la ira es algo a lo que creo que todos tenemos derecho. La línea se cruza en caso de que la situación se vuelva física entonces eso se convierte en otro tipo de situación. En la vida de los negros, como decimos, hay algunas cosas que experimentamos que nos hacen ser quienes somos, especialmente si estamos "manteniéndonos al 100". Sin embargo, para mantenerlo al 1000 cuando se trata de mi cultura, quiero hacer mi parte para normalizar cosas como la propiedad de la vivienda para la gente que se parece a mí.

Creo que hay un montón de programas y herramientas que la gente como yo puede utilizar para acceder a la propiedad de la vivienda. Pero estas herramientas no funcionan por sí solas. Tenemos que utilizarlas y ser diligentes en su uso. Ahora bien, estoy de acuerdo en que hay algunas barreras que impiden a las personas que se parecen a mí convertirse en propietarios de una vivienda. Algunas de esas barreras se construyen dentro de nuestro locus de control interno. Según Google, el locus de control es lo que un individuo cree que causa sus experiencias, y los factores a los que esa persona atribuye sus éxitos o fracasos. Las personas con un alto locus de control interno creen que tienen el control de su propio éxito o fracaso; que el éxito o el fracaso no son el resultado del azar o del destino.

Un ejemplo de esto es cuando hablé con un primo sobre la compra de una casa. Lleva 7 años en el mismo trabajo y sigue siendo inquilino. Cuando le pregunté por qué no se había comprado una casa a estas alturas su respuesta fue: "esta gente no me va a dejar comprar una casa". No me voy a hacer el tonto aquí y fingir que no sé a quiénes se refiere esta gente, ni voy a justificar la afirmación explicando quiénes son. Llamémosles simplemente, en aras de la discusión, "los influyentes poderes fácticos". Te dejo con el deber de describir por ti mismo, quienes son los "poderes" a los que se refiere. Lo que diré es que él no entiende realmente sus verdaderos poderes. Él no entiende que con la cantidad correcta de ingresos y la puntuación de crédito correcta y la cantidad correcta de información para proporcionar a los prestamistas, él también puede calificar para una casa y comenzar el camino a la riqueza de activos y el poder, así.

Sin embargo, su locus de control interno junto con su locus de control externo hace que le resulte difícil creer en sí mismo para obtener el resultado deseado de ser propietario de una vivienda. Esto, además del compromiso de seguir creyendo que su suerte no le permitiría conseguirlo. Ser propietario de una vivienda no es cuestión de suerte o de ciertas personas ricas. Es para las personas que son responsables y están dispuestas a hacer algunos cambios en sus hábitos de gasto para que puedan ver el sueño americano.

Me encanta la música y siempre lo he hecho, siempre lo haré. Recuerdo que de niño escuchaba la canción de John Cougar Mellencamp "Little Pink Houses" y oía la letra... "There's a black man with a black cat living in a black neighborhood, he's an interstate running through his front yard, you know he thinks he got it good" (Hay un hombre negro con un gato negro que vive en un barrio negro, tiene una interestatal que pasa por su patio delantero, sabes que piensa que lo tiene bien) .... y luego pasa al estribillo "ain't that America for you and me? Home of the free, yeah little pink houses for you and me". En mi opinión, esa canción hablaba de que ser propietario de una vivienda es algo normal y alcanzable. Fue un indicador temprano en mi mente de que algún día tendría una casa. Supongo que mi creatividad también imaginó que John Cougar Mellencamp sería mi vecino y que tocaría su guitarra y bailaría tal y como se le retrata en la MTV en los años 80.

A medida que me hacía mayor, me molestaba que este tipo de sueño americano no fuera el caso de tantos otros que se parecían a mí. Cuanto mayor me hago, más me doy cuenta de que ni siquiera es el caso de mucha gente, independientemente de su raza o color. Me di cuenta de que el locus de control puede afectar a cualquiera en cualquier momento cuando se trata de ser propietario de una vivienda. Sí, creo que necesitamos más recursos e información para abordar las disparidades de propiedad y la brecha de riqueza entre los blancos y los negros. Sí, creo que necesitamos más recursos para aumentar la propiedad de la vivienda en las comunidades negras y marrones. También creo que con la información adecuada y la alineación correcta de las personas, podemos ayudar a que más personas negras, blancas, amarillas y morenas se conviertan en propietarias de vivienda sin importar su estatus socioeconómico. Cuando escribí este libro, recé por un título que hablara de la profundidad de la razón por la que escribí este libro.

Mi intención y deseo al escribir este libro es abordar algunos temas difíciles que la mayoría de la gente no quiere ni abordará. Pero gracias a mi educación en torno a los signos de fuego y a la buena música, abordé algo que debía ser tratado a diario. La inclusión y el debate. Me tomo en serio el aumento de la propiedad de la vivienda y la razón por la que sé que esto es cierto es porque escribí otro libro para compartir con ustedes mi experiencia, mis expresiones y mi energía para tratar el aumento de la propiedad de la vivienda. Hablo en serio sobre el período de propiedad en lugar de casas, negocios, posiciones de capital, acciones, cripto o propiedad intelectual. La propiedad de la información es la clave y el desbloqueo de la información es la moneda.

Escribí todo este libro y una canción al azar sonó en mi Apple Music y la subí. Se me llenaron los ojos de lágrimas mientras el joven cantaba las palabras más hermosas que jamás haya escuchado. Cuando la escuché, supe que iba a repetirse en mi lista de reproducción. Mientras escuchaba, no pude evitar pensar en lo hermoso que sería este tema, ya que escribo sobre algo tan sensible y a la vez tan querido para mí. Cantaba justo lo que yo sentía sobre el mundo y la gente en él que sólo quiere ser escuchada. No ayudó que mientras escuchaba la canción al mismo tiempo las noticias estuvieran en mi fondo y pudiera escuchar el malestar de las redes sociales sobre los humanos que son golpeados con látigos en las fronteras.

Todo lo que podía pensar era mi Dios! Tantas personas necesitan un lugar al que puedan llamar hogar y aquí estamos con una casa o una oportunidad de comprar una casa y no estamos pensando en lo bendecidos que somos. Tener la oportunidad de tener una casa es una bendición y tenemos que verlo como eso. Mientras sonaba la canción mi corazón sabía lo que tenía que hacer y cómo tenía que hacerlo. Más allá de que la escribiera en prosa o en poesía, sabía que tenía que escribirla y para quién tenía que escribirla, como canta la canción:" ...Todos mis colores favoritos, mis hermanas y mis hermanos, verlos como ningún otro, todos mis colores favoritos...".

Sobre el autor y Fresh Community Development Inc.

La Dr. Tori Brown lleva muchos sombreros cuando se trata de proporcionar servicios a otros en Tampa Bay y más allá. Ella tiene una amplia experiencia en el desarrollo de negocios, el aprendizaje, la consultoría, la comunidad y las organizaciones sin fines de lucro. La misión de Fresh Community Development Inc es proporcionar recursos rentables a las familias de bajos ingresos que necesitan conocimientos financieros y empresariales para mejorar sus posibilidades de acceso a la vivienda o a la propiedad de la misma. Dirige un equipo de la junta directiva para conseguirlo.

Después de ayudar a 47 familias a convertirse en propietarias de vivienda durante una pandemia internacional, era inevitable que los siguientes pasos fueran para incidir en una comunidad más amplia. Aumentar la propiedad de la vivienda en las comunidades negras y marrones es un paso en la dirección de cerrar la brecha de riqueza entre blancos y negros. La celebración de la diversidad es muy importante para el Dr. Brown. Ayudar a que todos tengan acceso a la propiedad de la vivienda es el objetivo de los programas que ella crea. Al igual que existen los negros, los morenos y los blancos; también existen los que tienen y los que no tienen, los pobres, los trabajadores pobres y los que viven en la pobreza. Todos tenemos un papel que desempeñar cuando se trata de unirnos para luchar contra los puños de la pobreza. Este libro The Color of Homeownership es sólo una de las herramientas. Para más información sobre la Dr. Tori Brown, no dejen de visitar su sitio web oficial www.DrToriBrown.com.

www.ingramcontent.com/pod-product-compliance
Lightning Source LLC
Chambersburg PA
CBHW071905070526
44583CB00016B/1856